끝없이 이어지는 길

끝없이 이어지는 길 개정판
— 김영곤 산문집

2023년 11월 11일 처음 찍음
2025년 11월 11일 2쇄 찍음

지은이   김영곤
펴낸이   김영호
펴낸곳   도서출판 동연
등록   제1-1383호(1992년 6월 12일)
주소   서울시 마포구 월드컵로 163-3
전화/팩스   02-335-2630 / 02-335-2640
이메일   yh4321@gmail.com
인스타그램   @dongyeon_press

ISBN 978-89-6447-728-1 03040

┃김영곤 산문집┃ 개정판

끝없이 이어지는 길

김영곤 지음

동연

차례

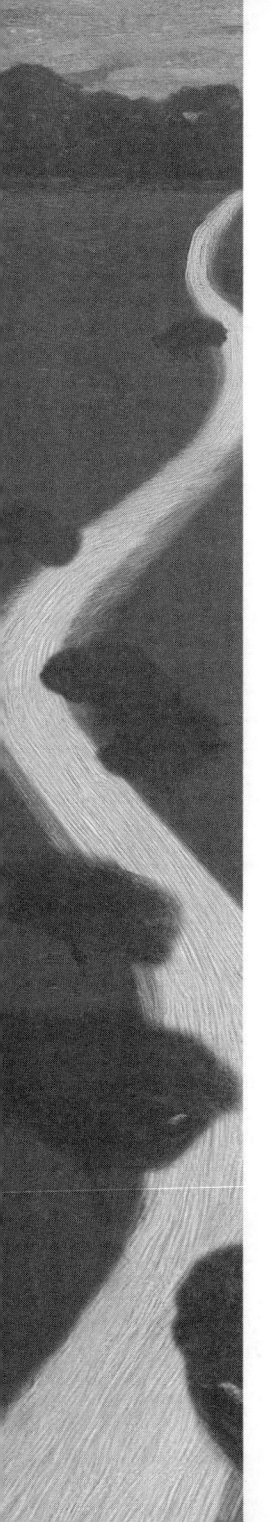

추천의 글

수필에서 담담한 필치와 과장 없는 서술은 양질의 문학적 자질이다. 이런 점에서 그의 글들이 수필의 진수를 보여 주고 있다는 것은 필자의 생애가 문학과 부단히 연관되어 온 때문일 터이다. 해외에서 외국인에게 한국어를 가르치는 대학 교수로서 그의 글쓰기는 한국어의 아름다움을 확장하고 심화하는 소중한 작업이 될 것이다.

우한용(서울대 명예교수, 문학박사, 소설가, 시인)

추천의 글

저자 김영곤 교수와 저는 캐나다 이주 초기부터 서로 알고 지내는 사이입니다. 토론토와 해밀턴처럼 이웃 도시에서 살 때는 수시로 만나 이야기를 나누었고, 토론토와 밴쿠버처럼 멀리 떨어져 살 때는 서로 전화 통화도 자주 하고, 혹시 저희 부부가 같이 토론토에 가는 기회가 있으면 함께 시간을 보내기도 했습니다.

김 교수는 자신이 재직하고 있는 워털루대학교에서 한국 문화를 소개하는 프로그램을 개설하고 저를 몇 번이나 초청하여 캐나다 대학생들을 대상으로 한국 종교에 대한 강연하는 기회를 마련하기도 했습니다. 이런저런 일로 저는 자연히 김영곤 교수가 어떤 분인지, 그가 캐나다에서 어떻게 살아왔는지 비교적 소상하게 안다고 할 수 있습니다.

누구나 김 교수와 대화를 나누다 보면 그의 위트와 유머에 미소를 짓게 되지만, 그가 쓴 글들은 읽으면 마치 수채화를 그리듯 섬세하고 담담하여, 이야기 속에 나오는 장면 장면이 눈앞에 보이는 듯한 착각을 일으키게 됩니다. 한국에서는 국어교육과를 전공하고 중고등학교에서 학생들에게 독서와 글쓰기를 가르치고, 캐나다에서 언어교육학 박사학위를 취득하고, 오랫동안 대학생들에게 한국어와 한국 문학을 강의한 그의 쌓인 내공인지, 독자들은 그가 어떤 장면을 묘사하면 그것을 생생하게 시각화하게 됩니다. 예를 들면 그가 토론토 온타리오 호수에 대해 이야기할 때면 마치

우리가 그 호숫가에 앉아 있는 듯한 느낌을 갖게 됩니다.

이 책을 읽는 독자들은 김영곤 교수가 한국에서의 일들을 회상할 때 그리고 한국을 떠나서 캐나다에서 살면서 경험한 일들을 이야기할 때, 그의 섬세한 관찰력과 예리한 통찰력을 느낄 수 있을 것입니다. 그의 담백하고 정감 있는 문장을 읽으면 한국어가 이렇게 아름다울 수도 있구나, 나도 이렇게 글을 쓸 수 있었으면 좋겠구나, 하는 글쓰기의 전범(典範)을 보는 듯한 느낌을 받을 수도 있을 것입니다. 그런 점에서 그의 수필들이 한국의 국정 및 검인정 교과서에 실린 것은 너무도 당연하다는 생각이 듭니다.

독자들은 김 교수의 산문집, 『끝없이 이어지는 길』을 통해 젊은 시절 모국을 떠나 반세기가 되도록 문화가 다른 이국에서 살아온 한 사람의 사색과 감성의 세계를 같이 나눌 수 있을 것입니다.

오강남(캐나다 리자이나대학교 종교학 명예교수)

머리말

젊은 시절에 5년 정도 외국 생활을 해보겠다고 모국을 떠났다가 어언 50년이 되어 간다.

우리의 삶은 우연의 연속이다.

외국에서 학생들에게 한국어와 한국 문화를 가르치면서도 나 자신은 모국어와 모국 정서에 대한 심한 갈증에 시달려야 했다. 나에게는 그 갈증을 달래는 방법의 하나가 내 속에 앙금처럼 고여 있는 생각과 느낌을 모국어로 적는 것이었다.

내가 살고 있는 캐나다 동포신문사에서 청탁이 올 때마다 써 보낸 글들이 모였다. 이렇게 산문집을 내게 된 것은 자기 생각과 경험을 글로 정착시키는 일이 자신을 돌아보고 확인하는 길이라 는 생각 때문이다.

지은이 김영곤

모든 떠남에 대하여

여행 떠나기

흔히 여행은 사람을 지혜롭게 한다고 말한다. 여행을 통하여 접하게 되는 색다른 환경과 상이한 생활양식은 인간의 다양한 삶의 모습을 보여 준다. 그리하여 우리로 하여금 익숙한 일상을 떠나 다른 것을 느끼고 생각할 수 있는 기회를 준다. 다시 말해서 여행은 고정된 자신의 생활 및 생각을 다른 환경 속에서 되새겨 봄으로 침체되고 경직되기 쉬운 생활에 신선한 충격을 가할 수 있는 계기가 된다는 것이다.

그런 의미에서 고향을 떠나 보지 않은 사람은 한 가지 생각으로만 굳어져서 편견 덩어리란 말이 있다. 태어날 때부터 자기 주위에서 보고 들어 온 것이 사물을 판단하는 절대적 기준이 되기 쉬운 까

닭이다.

여행에 대해서 이렇게 대단한 의미를 붙이지 않더라도 여행은 우리에게 일상생활의 무거운 짐을 벗고 다른 상황에서 비일상적인 것을 느끼고 생각하게 하는 여유를 갖게 한다. 그러한 여유는 맹목적인 일상의 쳇바퀴에서 헤어나기 힘든 우리에게 얼마나 소중한가.

어느 날 갑자기 여행을 가기로 마음먹는다. 주의를 돌아보면 여러 가지 미해결의 일이 널려 있어 지금이 여행을 떠날 수 있는 때인지 망설이게 된다. 매일 아침 눈뜨면 시작하던 일들을 내일 아침부터는 하지 않아도 괜찮은지, 혹은 매일 그렇게 나를 소진시키던 이 생활의 현장을 두고 떠나 있는 사이에 뭐가 잘못되는 것은 아닌지 하는 걱정들을 하게 된다.

그러나 이미 떠나기로 한 것, 자신을 얽매던 주변의 잡다한 일들을 정리하며 떠날 채비를 한다. 언제나 그런 것처럼 약간의 불안과 설렘을 느끼며 짐을 꾸린다. 그러나 일단 출발하고 나면 마음은 서서히 평정을 찾는다. 창밖으로 사라지는 풍경을 보며 이제는 여정을 음미하는 것만이 자신이 할 수 있는 최선의 일임을 알게 된다.

푸른 하늘과 산 밑에 드리워진 숲을 보며 자연이 여전함을 느낀다. 그 아름다운 정경을 보면서 왜 삶이 흔히 고통과 연민이어야 하는가 하고 자문해 본다. 낯선 촌락이나 도시를 지날 때면 그곳에도 또 치열한 삶의 현장이 있다는 것을 깨달으며, 자신이 이 넓은 세상에서 우연히 한 장소에 묶여 있었다는 것을 새삼 확인한다.

자신이 일상의 생활에서 떨어져 나왔다는 것을 느끼며 자신도 모르게 홀가분해진 자신을 발견한다. 지금까지 매일 반복하던 일들이 그렇게도 대단한 일이었던가 하고 되돌아본다. 이 마음의 여유가 여행하는 사람이 누릴 수 있는 축복이 아니었던가.

나는 지금 생활이 시작되는 가을의 문턱에서 여행의 의미를 잠시 되새겨 보았다. 그리고 지나간 여행의 기억들이 다가올 긴 겨울을 지나는 동안 옷 갈피 속에 넣어 둔 나프탈렌처럼 가끔 나의 감각을 신선하게 자극해 주었으면 좋겠다.

(1987. 10.)

별을 보여 줍니다

이제는 기억마저 가물가물해졌지만, 한국에 살고 있을 때 〈별을 보여 줍니다〉라는 제목의 연극이 있었던 것 같다. 연극에 특별한 취향을 가지고 찾아다니며 보는 편도 아니라서 그 제목이 주는 시적 이미지만 마음속으로 음미하다가 바쁜 생활 속에 묻혀 그 연극을 볼 기회도 갖지 못했다. 그리고 어쩌다가 바다를 건너 캐나다에 와서 살게 되었다.

언젠가 여기 한국 신문에 어느 여인이 "이 도시에는 별이 잘 보이지 않아요⋯⋯"라고 쓴 글을 읽고 그제야 캐나다에 와서 지내면서 하늘에 별이 보이는지 보이지 않는지도 모르고 지나온 날들이 참으로 부끄럽고 민망하게 느껴졌다. 이민 생활이 아무리 힘들다고 하더라도 제 머리 위의 밤하늘도 한번 유심히 쳐다본 적이 없었는지

한심한 생각이 들었다.

　고등학교 국어 교과서에는 프랑스 작가 알퐁스 도데(Alphonse Daudet, 1840-1897)의 〈별〉이라는 단편이 실렸었다. 그 이야기의 마지막 부분에는 여름 밤하늘에 반짝이는 별들의 모습이 충격적이라고 할 만큼 아름답게 묘사되어 있었다. 모국어를 정확하게 이해하고 표현하는 능력을 기르기 위한 국어 교과서가 난해한 한문투성이의 문장과 딱딱한 논문으로 채워져야 하는 이유는 모르겠지만, 어쨌든 그 건조한 문장들 속에 끼어 있던 단편 〈별〉이 지닌 서정이 넘치는 내용은 매혹적이라고 할 만했다.

　그리하여 그 작품은 배우는 학생들이나 가르치는 교사들에게 늘 국어 시간에 하는 분석하고 암기하는 작업을 떠나 모처럼 순수한 서정의 세계로 몰입할 수 있는 기회를 주었다. 단지 그 작품이 한국 작가의 것이 아니었다는 아쉬운 점이 있지만, 다행스럽게도 섬세한 번역은 그 작품이 지닌 아름다운 분위기를 생생하게 되살리고 있어 그것을 읽고 난 느낌은 아름다운 한 편의 시가 주는 신선한 여운과 같이 독자의 마음속에 오래 남는 것이었다.

　하늘의 별은 단지 사춘기의 소년 소녀가 감상의 눈으로 바라보는 것으로 생각하는 사람들에겐 별을 관찰하는 것을 일생의 과업으로 삼고 있는 천문학자들의 일이란 딱하게 생각될지도 모른다. 천문학을 공부하러 한국에서 캐나다로 유학 온 K형이 언젠가 자신이 항상 들여다보는 천체망원경에 비치는 우주에 대한 이야기를 나에게 들려준 일이 있다. 우리같이 땅끝만 바라보고 사는 사람들에겐 쉽게 짐작도 되지 않는 이야기였지만 그 끝이 있을 수도 없고, 없다고 하기도 어려운 신비에 찬 우주의 세계는 과학적으로 탐구하는 그에게도 참으로 허황하게 느껴질 때가 많다고 고백했다. "그래요, 그래서 그 세계도 결국 자연의 학문이라기보다 인간의 학문이라는 생각을 하게 되지요……"라던 K형의 함축성 있는 말은 나에게 오래 남았다.

우리가 창문을 열고 밤하늘을 통해 바라보는 별이든, 천체망원경을 통해 바라보는 별이든, 아직도 그것은 감각의 세계의 것은 아닐지 모른다. 더구나 우리 눈에 보이는 별 중에는 이미 오랜 옛날에 반짝이다가 타 없어져 버리고 그 형상의 빛이 아득한 먼 길을 타고 와서 지금에야 우리 눈에 포착되는 경우도 많다니 실제로 존재하는 것이 아니고 환상이라고 할 수도 있다. 그렇다면 밤하늘의 별을 내 눈으로 확인하려는 우리의 호기심도 무의미한지도 모른다.

그러나 별을 바라본다는 것은 어떤 의미에서 모처럼 우리가 생존하는 상황을 생각해 보는 기회를 갖는다는 것이기도 하다. 아득한 곳에서 빛을 발하고 있는 별을 바라볼 때 어느 누구도 거대한 우주 공간 속에서 섬광처럼 존재했다 사라지는 우리 삶의 의미를 되새겨 보지 않을 수 없다. 더구나 우리의 마음속에 한때는 찬란했던

별의 이미지조차 잊고 산다는 것은 얼마나 황량한 일인가.

여름이 급속하게 오고 있다. 이번 여름에는 아무리 바쁘더라도 먼 여행을 떠나고 싶다. 그러다가 어느 날 밤에 쏟아질 듯한 하늘의 별을 아이들과 바라볼 수 있다면 얼마나 기억에 남는 여행이 될까 하고 생각해 본다.

(1988. 6.)

바다와 호수

토론토가 온타리오 호숫가에 자리 잡고 있다는 것은 나처럼 물을 좋아하는 사람에게 여간 다행한 일이 아닐 수 없다. 시내를 벗어나지 않아도 눈앞에 끝 간 데 없이 펼쳐진 호수를 바라볼 수 있으니 얼마나 좋은가.

사실 온타리오 호수는 '호수'라고 부르기엔 너무 크다. 크기가 대단할 뿐만 아니라 바람 부는 날에 출렁이는 파도를 보면 바닷가에 서 있는 느낌과 별로 다름이 없다. 우리 가곡 〈내 마음은〉의 가사를 쓴 시인 김동명이 바다 같은 온타리오 호수를 보았다면 '내 마음은 호수요'라는 독백을 하지 않았을지도 모른다고 생각해 본다. 사랑하는 사람을 위해 순교자와 같은 심정으로 어떤 희생도 감수하려는 그 마음은 거센 물결을 날리며 파도치는 호수 모습과는 거리가 멀

온타리오 호수 풍경. 호수라기보다 바다에 가깝다.

기 때문이다.

그 시인의 호수는 맑고 잔잔한 수면 위에 주위의 산과 숲이 아름답게 투영되는 그런 호수가 아닐까 한다. 하기야 나 역시 한국에서 실제로 본 호수는 포천의 산정호수 정도였으니 저수지가 아주 크면 호수라 부르지 않을까 하는 생각을 했을 뿐이다.

그러다가 캐나다에 와서 온타리오 호수를 처음 보았을 때는 그것이 호수라는 사실을 깜박 잊고 바다를 바라보는 것 같은 착각을 하며 혼자서 감격한 적이 있다. 즉, 저 수평선 너머 끝없이 이어지는 물결이 닿을 이름 모를 세계의 이곳저곳이며 그리고 자꾸 더 가면 고향 앞바다에까지 도달하겠지 하는 상상도 하다가, 이것이 바다가 아니고 호수라는 걸 생각하고 머쓱해졌던 일이 있다.

지리학적으로 호수의 정의가 정확하게 어떻게 내려지는지는 알 수 없지만, 호수가 아무리 커도 바다와 다른 것은 그것이 육지로 둘러싸여 있다는 사실이 아닌가 한다. 그래서 호수의 물은 갇혀 있거나 좁은 통로가 있어 바다로 흘러나가기는 하지만 그것은 일방통행일 뿐, 이 세상 곳곳에서 오는 물들이 교류하는 바다와는 다를 수밖에 없다.

사람들은 여러 가지 사연으로 자기가 태어난 모국을 떠나 살기도 한다. 많은 사람의 경우, 좀 더 넓은 세상과 교류하고 싶다는 모험적인 마음이 그런 결정을 하게 한다. 그러나 적지 않은 경우에 그러한 처음의 바람과는 다르게 이웃과 생각과 정을 나누던 모국을 떠나는 순간부터 정신적으로 고립되어 모국에 있을 때보다 훨씬 더 폐쇄적인 삶을 이어 나가는 경우가 많지 않은가 한다.

지역적으로 넓은 공간으로 환경을 바꾸었다고 시야가 저절로 넓어지는 것은 아니다. 새롭고 낯선 환경 속에서 정신없이 쫓겨 지내다 보면 자기 삶이 바다가 아닌 호수에 갇힌 한 마리 물고기와 흡사하지 않은가 하는 두려움을 갖게 된다. 그래서 비록 호숫가에 살지만 될 수 있는 대로 기회가 있을 때마다 세상 곳곳에서 흘러오는 물결들이 교류하는 바닷가에 나가 발을 담그며 살아야겠다고 생각하게 된다.

(1987. 9.)

그해 여름

어느새 칠월도 중순이다. 칠월이 되면 이육사(李陸史)의 "내 고장 칠월은 청포도가 익어가는 시절……"을 중얼거리며 어느 산마루에 말갛게 익어가는 청포도를 떠올리곤 하던 시절이 있었다. 그렇게 싱그러운 느낌으로 맞이하곤 하던 칠월을 언제부터 그저 뜨거운 여름의 시작으로만 받아들이게 되었는지 알 수 없다.

가을에 시작된 학기가 캐나다의 긴 겨울을 넘길 무렵이면 배우는 학생들은 물론이고 가르치는 사람도 마지막 언덕길을 오르는 마라토너처럼 숨이 차다. 그리고 여름이 되면 좀 쉬어야지 하지만, 어디 그게 마음대로 되는가. 여름은 여름대로 바빠서 휴가다운 휴가도 없이 허둥지둥하다가 또다시 신학기가 시작되는 가을의 문턱에 와서야 지나간 여름을 되돌아보며 아쉬워하기 일쑤다.

그래서 이번 여름은 작심하고 '여름학교'다, '아르바이트'다 하고
저희 나름대로 바쁜 대학교와 고등학교에 다니는 아이들을 2, 3주
일에 한 번씩 주말에 억지로 불러 모아 야외로 데리고 나가려고 애
를 쓴다. 자식들이 부모에게서 독립하는 시기가 빠른 이 북미에서
앞으로 온 식구가 같이 다닐 수 있는 햇수가 과연 몇 년이나 될 것인
가 하는 생각에서다.

숲속을 거닐거나 물가에 앉아 있으면 다람쥐 쳇바퀴 돌 듯하는
정신없는 생활 속에서는 가질 수 없던 마음의 여유도 생기고 끝도
밑도 없는 상념에 젖기도 한다. 몇 주 전에는 오랫동안 생각해 보지
않았던, 이제는 거의 30년이 다 되어 가는 어느 여름의 기억이 떠올
랐다.

그해 여름 나는 고향 친구의 소개로 경상도 어느 산골에 있는 감
나무 과수원집 아이의 가정교사 노릇을 하게 되어 있었다. 그래서
여름 방학이 시작되자 내가 한여름 동안 가르쳐야 할 중학교 1학년
인 아이를 데리고 그의 집으로 가느라 시골 버스를 타고 먼지가 뽀
얗게 날리는 길을 한나절 달려 인가(人家)도 없는 어느 길가에 내
렸다.

아무도 없는 신작로에 나와 아이만을 내려놓고 먼지 속으로 사
라지는 버스를 바라보면서 난감해하던 심정이며, 멀리 보이는 산
옆으로 난 골짜기를 따라가면 마을이 있다는 아이를 앞세우고 터덜

터덜 걸어가던 둑길에 쏟아지던 따가운 칠월의 햇살이 지금도 생생하다.

오전에 서늘할 때 몇 시간 아이의 공부를 도와주고 나서는 책 한두 권을 들고 뻐꾸기 소리만 울리는 적막한 산비탈을 오르거나 산허리를 감고 굽이굽이 돌아가는 낙동강 지류를 따라 한나절씩 무작정 걸어가곤 했다. 그러다가 아무 데나 주저앉아 책을 뒤적이거나 흐르는 물을 망연히 바라보며 생각에 빠지곤 했다. 때로는 강변에서 아이와 함께 싸리나무 가지를 들고 잠자리를 쫓던 일이며, 산속에서 쭉 뻗은 나무를 과녁 삼아 신들린 사람처럼 돌팔매질하던 일도 그 여름의 내 정신적 맥락을 생각하면 잊을 수 없는 일이다.

그때 나는 10대의 마지막 고비를 정말 어렵게 넘어가고 있었다. 인생이 정말로 살 만한 가치가 있는 것인지, 산다면 과연 어떻게 살아야 할 것인지, 쉽게 해답을 낼 수 없는 그런 질문들을 안고 번민(煩悶)의 밤을 새우고 또 철저히 절망하기를 서슴지 않았던 그 순수가 지금 생각해 보면 안쓰럽기조차 하다. 나는 몽유병 환자처럼 이른 새벽이슬을 헤치며 숲속을 헤매었고 저녁 안개 어스름한 강변에 앉아 강바닥을 흐르는 서늘한 물소리를 들으며 생각을 거듭했다.

그 지독한 열병을 앓았던 여름도 가고, 세월이 흐르면서 나도 더 이상 그런 과제를 가지고 침식을 잊으면서까지 신음하지 않게 되었다. 다시 말해서 삶의 가장 근원적인 의문에 대해서도 적당하게 질문하고, 제일 속 편한 대답을 고르는 어른이 되어 간 것이다. 그래서 무덥고 암울하던 그해 여름도 이제는 돌아갈 수 없는 젊은 날의 찬란한 아픔으로 그리움 속에서 회상하게 되었다.

　이번 주말엔 가까운 호숫가에나 가서 지나간 여름날들을 생각하며 한나절을 보낼까 한다. 지난 며칠 사이에 더위가 기승을 부렸지만, 올여름도 한 달 남짓 지나면 그 위세가 기울 것이다.

(1993. 7.)

가을 보내기

올가을은 예년보다 천천히 지나가는 것 같다. 그러나 며칠 사이에 가을도 이제 막바지에 들어선 느낌이다. 아침저녁으로 옷깃을 스미는 바람에는 겨울의 싸늘한 비수(匕首)가 느껴진다. 이러다가 어느 날 저녁, 난데없이 흩날리는 눈발을 바라보며 낭패한 느낌에 젖게 되면 가을은 갑작스럽게 끝을 맺고 캐나다의 긴 겨울이 시작되는 것이다.

올해는 가을이 진행되는 모습을 찬찬히 살펴볼 기회가 비교적 많았다. 아니, 그냥 기회가 많았다기보다는 이번 가을에는 틈만 생기면 다른 일은 제쳐 놓고 숲을 찾았다고 해야겠다. 집 근처에 있는 공원들을 산책하면서, 차를 타고 드라이브하면서, 여름날에 그 푸름을 자랑하던 잎들이 하루가 다르게 노란색으로, 갈색으로 그리고 붉은색으로 변화해 가는 것을 지켜보았다. 집착을 버리고 변화하는 것은 언제나 아름답다.

나는 내 주위에 있는 거의 모든 사람이 즐기는 골프와는 인연을 맺지 못했다. 그래서 산책을 하거나 드라이브를 하는 것이 생활의 때[垢]를 씻어내고 다시 생기를 충전하는 유일한 방법이다. 맑은 공기가 있는 숲속을 걷고, 차창을 스쳐 지나가는 풍경을 바라보면서 어지러운 생각을 털어내고 마음을 가다듬는다. 자연이 보여 주는 변화와 그 순수한 아름다움을 접하면서 우리가 매일 되풀이하는 일들의 의미를 다시 생각해 보게 된다. 그리고 한 치 앞을 보지 못하면서 영원히 살 것처럼 갈등하는 인간의 욕망이 얼마나 허망한지 느끼게 된다.

나이가 들어가면서 더욱 자연이 가깝게 느껴진다. 그리고 그 아름다움도 보다 순수하게 다가온다. 왜 젊었을 때는 자연의 아름다움을 이렇게 절실하게 느끼지 못했을까? 무엇 때문에 그렇게 분주했던가? 뭐 그렇게 대단한 일을 한다고 주위 자연을 바라보며 음미할 마음의 여유가 없었던가?

지난 몇 주 동안 이곳저곳에서 마주칠 수 있었던 풍경들은 정말 아름다웠다. 때 이른 눈보라를 맞아 단풍이 든 채로 흰 눈을 이고 있던 북쪽의 나무들, 시나브로 내리던 가랑비가 멈추자 숲속으로 스며드는 햇살에 투명한 색깔로 흔들리던 잎들, 오색으로 물든 절벽 아래 보이던 호젓한 길목, 가을 햇살 아래 무수한 은비늘처럼 반

짝이던 호수, 개를 앞세우고 낙엽 진 길을 산책하던 노인의 뒷모습, 물결에 밀려온 통나무들이 뒹구는 한적한 호숫가…….

　마음을 먹고 가을을 순례(巡禮)했기 때문인가, 이번 가을은 예년에 비해 긴 느낌이다. 그러나 좀 길게 느껴지더라도 곧 들이닥칠 춥고 긴 겨울을 생각하면 결코 길다고 하지 말아야 할 것이다. 그래서 시인은 이렇게 기도하는 것이 아닌가.

　　마지막 열매가 탐스럽게 익도록 분부하시고
　　그것들에게 이틀만 남국적인 날을 베푸소서
　　그것들이 무르익게끔 최후의
　　감미로운 술이 되게 알찬 포도를 돋워 주소서

　　이제 집 없는 사람은 이미 집을 지을 수 없습니다.
　　이제 홀로 있는 사람은 영원히 고독할 것입니다.
　　잠을 깨어 책을 읽고 기나긴 편지를 쓸 것입니다.
　　　　　　　　　　　　　　― 라이너 마리아 릴케, 〈가을날〉

　자, 이제는 가을을 보내고 눈이 내리는 겨울을 맞을 준비를 해도 좋지 않겠는가. 그러나 서두르지 마라, 어차피 겨울은 올 것이니.
　　　　　　　　　　　　　　　　　　　　　　　　　(2000. 11.)

아름다운 것은 때가 있다

가을이 깊었다.

아침에 일어나 창문의 커튼을 걷는다. 우리 집 뒷마당에는 내가 이름도 모르는 아주 큰 나무가 한 그루 있다. 사람들이 참 잘생긴 나무라고 칭찬하면서 나무 이름을 물을 때가 있다. 내가 그 나무 이름을 모른다고 하면 사람들은 의아한 표정을 짓는다. 자기 집에 있는 나무의 이름이 궁금하지도 않느냐는 표정이지만 나는 애를 쓰고 알고 싶은 생각이 없다. 언젠가 우연히 지나가던 사람이 그 나무의 이름은 뭐라고 알려주면, 아, 그렇군요, 하고 알게 되는 것도 괜찮을 것이라고 생각한다.

어쨌든 그 나무는 자그마한 우리 집에 어울리지 않을 만큼 키가 크고 준수하게 생겼다. 말끔하고 큼직큼직한 잎사귀들을 주렁주렁

달고 있는 모습이 그런대로 운치 있다. 아이들이 어렸을 때는 내가 그 나무에 그네를 매었고, 그늘이 시원한 여름에는 아이들이 '해먹' (hammock)이라고 하는 그물 침대를 매어 놓고 그 위에 누워서 책을 보기도 했다. 그래서 아이들이 10대를 보낼 때까지는 그 나무 주변이 우리 가족의 생활에서 중요한 부분이었다고도 할 수 있다.

그러나 어느새 그러한 시절도 흘러가 버린 것 같다.

큰아이는 공부하러 다른 도시로 갔고, 때때로 뒷마당에 들어가 강아지와 씨름을 하던 작은아이도 이제는 뒷마당에 잘 들어가지 않는다. 둘째 아이는 그저 학교 갔다 오면 강아지가 또 도망가지나 않았는지 현관으로 들어서기 전에 뒷마당으로 잠깐 눈길을 보낼 뿐이다. 언젠가 그가 학교에서 돌아와서 그때까지 우리가 기르던 개가 죽은 것을 알고는 땅바닥에 털썩 주저앉아 하염없이 눈물을 흘린 일이 있다. 그러던 것이 바로 얼마 전 일 같은데, 그도 이젠 당당한 청년이 되었다.

이제 뒷마당에는 나 혼자만 가끔 흐트러진 것을 정리하거나 돌아보기 위해서 들어간다. 올가을에 들어서도 낙엽을 치우기 위해서 두세 번 뒷마당에서 한나절을 보냈다. 낙엽을 긁는 일은 생각보다는 쉬운 일은 아니지만 그렇게 번거로운 일만도 아니다. 한때는 그렇게 싱싱하고 무성하던 잎들이 누렇게 퇴색해서 마른 잔디밭 위를 뒹굴고 있는 것을 긁어모으면서 이런저런 상념에 젖을 수 있기 때문이다.

한여름에는 무성한 녹음을 드리우던 큰 나무도 이제는 다만 칙칙한 검은 색깔의 잔가지들을 사방으로 뻗고 있다. 아침에 커튼을 열면 금방 눈에 들어오는 것은 헐벗은 나목(裸木)이 되어 버린 나무와 그 밑에서 누렇게 시들어 가는 잔디밭이다. 가을이 어느새 깊어진 것이다. 생명력이 넘치는 여름도 좋지만, 맹목적인 의지와 부산스러움이 사라진 가을도 좋다. 그러나 그 왕성하던 생명력을 잃고 화석처럼 굳어 가는 나무와 풀을 보면서 마음 한 언저리에 안개처럼 피어오르는 일말(一抹)의 쓸쓸함도 또 어찌할 수 없다.

엊그제 아침, 나는 예의 그 스산한 광경을 상상하면서 커튼을 열다가 탄성을 질렀다. 그동안 내가 별로 눈길을 주지 않았던 마당 한 구석에 서 있는 조그마한 나무의 단풍이 매우 아름다웠기 때문이다. 그건 사람 한 두어 길 정도밖에 안 되는 조그만 나무로 무슨 탐스러운 열매가 열리는 것도 아니고 볼품이 있는 나무도 아니다. 그저 어느 야산에서나 볼 수 있는, 그야말로 이름도 없는 잡목이다. 게다가 그 나무가 바로 그 옆에 내가 일구어 놓은 손바닥만 한 채소밭에 그늘을 만들기 때문에 가지를 치거나 잘라 버려야 하지 않는가 하고 생각하고 있는 터였다.

그런데 바로 그 나무의 잎들이 단풍이 들어 더할 수 없이 아름다운 광경을 보여 주고 있는 것이 아닌가. 이상하게도 그 나무만은 주변의 다른 나무들과는 달리 아직도 많은 잎을 달고 있었는데, 그 모든 잎이 하나도 남김없이 샛노랗게 물이 들어 바람이 불 적마다 수많은 작은 깃발처럼 흔들리고 있었다.

지난 며칠 동안 가을비가 시나브로 흩날려서인지, 그 노란 잎들은 아침 햇살을 받아 맑다 못해 투명해 보이기까지 했다. 그리고 그 밑에 떨어져 내린 잎들과 더불어 나무 주변은 한 폭의 수채화 같은 분위기를 만들고 있었다. 일 년 내내 한 번도 사람의 눈길을 끌지 못한 이 작은 나무는 지금 바로 그 아름다움의 절정을 보여 주고 있었다. 그 작은 나무의 자태는 이제 헐벗은 채로 서 있는 적적한 큰 나무와는 대조적이었다. 나는 뒤늦게 그 나무의 아름다움을 마음껏 음미하면서 생각에 빠져들었다.

살아 있는 모든 것에는 아름다움이 있다.

그러나 그 아름다움이 드러나는 때는 다 다르다.

푸름을 자랑하던 젊음의 계절은 지나갔지만, 지금 저 투명하고 아름다운 가을 단풍은 아직 여기 이렇게 머물러 있지 않은가! 그리고 나는 저 아름다운 마지막 낙엽들이 하얀 눈에 덮이는 날까지 결코 쓸지 않으리라고 마음을 먹는 것이다.

(1998. 11.)

모든 떠남에 대하여

　"교수님은 왜 모국을 떠나 여기에서 살게 되었나요?"

　캐나다 대학에서 학생들을 가르치다가 서로 인간적으로 좀 가까
워지면 서양 학생들이 간혹 나에게 하는 질문이다. 동양인으로서
동양과 서양의 두 문화 속에서 살고 있는 사람에 대한 당연한 호기
심인지도 모르지만, 생각해 보면 내가 강의 중에 고국에 대한 기억
을 떠올리고 향수에 잠기는 듯하면 이런 질문을 나왔던 것 같다. 그
러나 나로서는 간단하게 대답할 수 있는 물음이 아니어서, 갑자기
그런 질문을 받으면 순간 어떻게 응답해야 할지 당혹감을 느끼곤
한다.

　"흠…… 좋은 질문이네(선생들은 예기치 않은 질문에는 우선 이렇게
대응하고 생각할 여유를 갖는다). 그 질문에 대한 대답은 쉽지 않지만,

아주 간단하게 이야기하면…… 그때 나는 너무 나이브(naive)하고 또 열정이 넘치던 시절이라서 그랬다고 할까. 다시 말하면, 나는 젊었을 때 모험을 하고 싶었네……. 그 시기를 놓치면 안 될 것 같아서, 하나의 돌파구가 외국행이었다고 할까……. 으음, 그러나 확실한 것은 이렇게 오랜 세월 동안 외국에서 살게 될 것을 알았으면 나는 결단코 모국을 떠나지 않았을 것이라는 걸세……." 나로서는 이런 식으로 될 수 있는 대로 가장 짧은 대답을 하고 끝낸다는 의미로 미소를 지으면, 학생들은 다음 이야기가 궁금한지 내 표정을 살피곤 한다.

혼란스럽던 대학 시절과 군대 생활을 거쳐 교편을 잡았을 때 나는 모처럼 안정과 평화를 찾은 기분이었다. 그리고 처음 부임한 곳이 여자고등학교라서 항상 봄날 같은 분위기 속에서 감수성이 예민한 학생들과 시를 읽고 문학을 이야기하던 수업 시간을 참으로 즐거웠다.

그러나 하루하루는 즐겁고 보람 있는 나날이었지만, 그렇게 반복되는 일상이 머지않아 나를 결국 생활 속에 침몰시킬 거라는 예감이 두려움으로 다가오고 있었다. 그 당시 내 눈에 비치는, 별다른 열정이 없이 생활인으로 매일 같은 일을 반복하는 나이 든 교사들의 모습과 나의 미래의 모습이 자꾸 겹쳐 보였다. 그분들도 젊은 시절에는 나와 같은 출발점에서 시작했을 것이라는 생각이 나를 더욱 압박했다.

나는 대안도 없이 일단 현재 상태에서 벗어나야 한다고 생각했다. 어느 철학자의 사색 노트에서 읽은 "시간이여 맹위를 떨쳐라! 그리고 무가치한 것들을 아낌없이 장사 지내라!"를 자주 되뇌던 시절이었다. 나는 다람쥐 쳇바퀴 돌 듯하는 일상에 사로잡히면 종국에는 자신이 원하는 길을 잃은 채 오도 가도 못하는 함정에 갇히게 될 것으로 생각했다. 어디에도 속하지 않는 막연한 자유를 갈구하던 20대 후반의 나는 지나치게 관념적이었고 주체할 수 없는 열정으로 앓고 있었다.

그 무렵이었다. 캐나다에 사는 동생 부부가 몇 년 외국에서 살아보는 것이 어떻겠냐고 초청장을 보내왔을 때 나는 어떤 계획이나 대책도 없이 아내와 어린 아들을 데리고 비행기를 탔다.

그리고 외국 땅에서 반세기 가까운 세월이 물결처럼 흘러갔다. 되돌아보면 그 긴 시간은 한 번의 떠남에 대해 혹독하게 되갚아야 했던 세월이었다. 이제 인생의 황혼에서 젊은 날에 사로잡혔던 떠남의 갈망을 다시 되돌아본다.

20대에 본 어느 서양 영화의 줄거리는 다음과 같았다. 사랑하는 소녀를 뿌리치고 먼바다를 그리워하며 떠났던 청년이 실의의 항해 끝에 다시 항구로 돌아오자 이미 다른 사람의 아내가 된 옛 연인이 묻는다.

"당신이 그렇게 그리워하던 무인도는 발견했나요?"

"그랬지……."

"무엇을 발견했나요?" 청년은 고개를 흔들며 쓸쓸히 대답한다. "화산재밖에 없었어……."

영화에서는 여인의 늙은 남편은 죽고 두 사람이 다시 결합하는 해피엔딩으로 끝을 맺지만, 현실에서는 흔히 한 번 떠난 고향에는 돌아가지 못한다. 우리가 고향을 떠나는 순간 우리 마음속에 자리 잡은 고향은 사라지고, 우리는 결코 그 고향으로 다시 돌아가지 못하게 되는 것이다.

이민을 떠나와 두고 온 고향을 애타게 그리워하던 어느 노부인이 "고국을 떠나온 다음에는 떠나는 것은 모두 다 잘못되었다고 생각하게 되었다"라고 회한에 넘친 독백을 하던 것을 기억한다.

그래서 시인 박인환은 많은 사람이 애송하는 시 〈목마와 숙녀〉에서 "인생은 외롭지도 않고 그저 잡지의 표지처럼 통속하거늘, 한탄할 그 무엇이 무서워서 우리는 떠나는 것일까"라는 절구를 남겨 많은 사람의 가슴을 치게 했다.

생각해 보면 우리의 삶이란 생존을 위해 다람쥐 쳇바퀴 돌리는 것 같은 일상을 반복하는 것이고, 젊은 시절의 열정과 꿈은 나이가 들어가면서 현실과 타협하며 퇴색하는 것이 당연하고 자연스럽지 않은가.

대개의 사람은 젊은 시절 모두 한 번쯤 무지개를 찾아 떠나기를 꿈꾼다. 어떤 사람들은 행동으로 옮기고, 어떤 사람들은 마음속으로 반추한다.

누군가 이야기한 것처럼, 깃발을 들고 고향을 떠나는 용사도 있지만, 쟁기를 들고 고향을 지키는 용사도 있어야 한다. 이제 떠날 수 있는 용기도, 지킬 수 있는 의지도 사라져 가는 인생의 황혼기에 모든 떠남의 의미를 다시 되새겨 본다.

(2021. 3.)

귀향기

스무 살 고개

　지금 와서 내가 대학 생활을 시작하던 시절, 그러니까 내가 막 스무 살이던 당시의 일들을 회상해 보면, 새삼스럽게 이제는 그것이 까마득한 오래전 일이었다는 각성과 함께, 그러면서도 얼마 전 일처럼 이런저런 일들이 선명하게 떠올라 가슴이 저려 오는 느낌을 어쩔 수가 없다.

　나의 대학 생활을 오랜 방황 끝에 별다른 마음의 준비도 없이 갑자기 시작되었는데, 그래서 그것은 처음부터 터무니없는 기대와 걷잡을 수 없는 혼란의 연속이었다. 대학에 입학하던 그해 봄은 교정 여기저기에 피어 있던 샛노란 개나리꽃이 금방 연상될 정도로 신선하고 아련한 데가 있었다. 그러나 그러한 느낌은 대학 생활이 얼마 진행되지 않아 사라지고 곧 혼란의 시기로 연결되었다.

그 이유로는, 지금 생각해 보면 그때의 내 판단들이 너무 성급한 데가 있어서 이렇게 단순하게 이야기하기가 부끄럽기도 하지만, 첫째로 학교의 강의 내용이나 형식이 대학에 들어가기 전에 막연하게 생각하던 것과는 크게 차이가 나서 쉽게 흥미를 잃게 되었다는 것과, 둘째로 그 무렵 마침 불붙기 시작한 한일회담 반대 데모에 학원이 휩싸이는 바람에 대학 신입생이 마음을 잡고 면학할 수 있는 분위기가 아니었다는 점을 들 수 있겠다.

그러나 나름대로 대학 생활의 개막을 이야기할 만한 사건이 전혀 없는 것은 아니었는데, 그중 하나가 국어교육과 동기들과 이른바 문학동인지를 발간했던 일이다. 그때 우리 동기생들이 대학교에 들어가자마자 동인지를 낼 만큼 문학에 대한 열정이 대단했던 것은 아니었는데, 아마 국어교육과 학생이라는 자의식이 그 어수선한 가운데도 글을 쓰고 책을 만들게 했던 것 같다. 동인지의 제목은 어떤 친구가 느닷없이 제안했던 〈구토〉(口吐)로 결정되었다.

당시 과 주임교수였고 또 근엄하기로 이름 높았던 L 교수가 "세상에는 아름답고 건설적인 이름들이 '쎄고 쎘는데' 하필이면 '구토'라고 할 게 뭐냐!"라고 머리를 절레절레 흔드시더라고 동인지 창간을 보고하러 갔던 친구가 전해 주었다.

사실 과에서는 사범대학이라는 성격을 내세우면서 학생들이 문학 창작에 흥미를 갖는 일을 그다지 탐탁하게 생각하지 않는 분위기였다. 심지어는 창작에 흥미가 있으면 다른 대학에 있는 문예창작과에 갈 것이지 왜 여기에 왔느냐는 소리까지 들려왔으니 말이다. 다시 말하면 사범대학 국어교육학과는 국어국문학 교사를 양성하는 곳이지 작가를 양성하는 곳이 아니라는 지적이었다. 그러나 작가가 문예창작과에서만 배출되는 것은 아니지 않는가, 아니 실제로 작가들의 배경이야말로 각양각색 다양하기 그지없으며, 또 그래야 할 것이 아닌가, 하며 문학 지향적인 학생들은 반론을 했다.

사범대학 다닌다는 프리미엄은 엉뚱한(?) 데에서 왔는데, 그때 대학생이면 누구나 한두 번 해보았던 가정교사 자리를 구하는 데는 '교사가 될 사람들'이라는 일반 사람들의 인식이 많은 도움이 되어 비교적 쉽게 아르바이트 자리를 구하곤 했다.

어쨌든 우리의 동인지 〈구토〉는 어수선한 분위기 속에서 발간되었고 거기에 실렸던 작품들은 지나치게 감성적이거나 냉소적이었던 것 같은데, 그중에서도 K군의 시 한 구절을 지금도 내가 기억하고 있는 것은 신기하다. 그렇게 우리는 '국어과' 신입생답게 동인지도 내고 또 술도 자주 마시곤 했다.

나는 예나 이제나 술을 한 잔도 채 못 마시지만, 우리 동기생들이 술 마시는 자리에는 빠지지 않고 줄기차게 따라다녀서 친구들을 의아하게 만들었다. 나는 무엇보다도 술 마시는 자리에서 보여 주는 솔직한 모습들이 좋았고, 몇 시간 왁왁하는 분위기를 겪고 나면 오히려 차분해지는 자신을 발견하곤 했다.

　당시의 학교생활을 이야기하면서 가두데모 이야기를 빼놓을 수
없다. 며칠에 한 번씩 우리는 학교 안에서, 또 거리에서 시위를 벌였
는데 그때마다 슬로건은 조금씩 달라도 핵심은 한일회담 반대였다.
　내가 대학에 들어올 때까지 정치적인 면에 관심이 없었던 것은
아니었지만, 본격적인 사회의식을 키우기엔 '청춘의 고뇌'에 너무
파묻혀서 허둥거리고 있었다. 그래서 한일회담 반대 데모에 대한
무슨 뚜렷한 이념이 있었다기보다 군사 정권과 일본에 대한 본능적
혐오감으로 참여한 것 같다. 그 당시 어느 시인이 "일본아, 나는 너
의 땅덩어리를 주어도 싫다!"라고 절규했던 순수한 열정만으로도
길바닥에 나가 소리를 지를 수 있었다고 할까.
　그때만 해도 1980년대의 분신까지 감행하는 데모와는 달리 데
모를 하면서도 좀 여유가 있었는데, 데모의 양상이랄까 그 과정은
대개 이런 것이었다. 즉, 수업을 하다 보면 예고도 없이 상급생들이
들어와서 강의하는 교수한테 간단하게 양해를 구하고 학생들에게
오늘 이러한 문제로 지금 운동장에서 데모가 있으니 참여하라는 통
고를 한다. 그러면 대개의 학생은 가방을 주섬주섬 싸고 운동장으
로 나가서 집합한다. 그리고 운동장에서 데모를 지휘하는 상급생들
의 구호를 따라서 한참을 연호하다 보면 어느새 교문 밖에는 정보
를 받고 출동한 경찰들이 진을 친다.

구호를 외치는 동안 기세가 오른 학생들은 열을 지어서 교문을 향해 돌격하는데 여기서 경찰과 밀고 당기는 첫 번째 힘겨루기가 시작된다. 대체로 교문 통과는 어렵지 않았던 걸로 기억하는데, 학생들은 옛 전쟁의 모습에서 아이디어를 얻었는지, 대열의 제일 앞에 돌을 가득히 담은 손수레를 앞세우고 여럿이 함성을 지르며 밀고 나가기를 되풀이함으로써 정문을 돌파하곤 했다.

　한번은 고려대학교 학생들이 안암동 쪽으로 나 있던 사범대학 뒷문을 통해 들어오더니, 사범대학은 여학생들이 많아 경찰들과 대결할 때 힘을 못 쓰는 것 같으니 자기들이 앞장서겠다고 했다. 그러고는 정말 당시 가장 치열하게 데모하던 고려대생답게 쉽게 정문을 돌파하여 역시 역전의 용사들이구나 하고 실소를 한 적이 있다. 학생들이 교문을 나오는 것을 기를 쓰고 막으려던 경찰들도 일단 교문 저지선이 무너졌다 하면 그다음에는 학생들의 대오 양옆에서 다만 길거리의 시민들이 끼어드는 것을 막으면서 학생들과 나란히 행진해 나가던 것이 기억난다.

　간간이 구호를 외치면서 동대문을 거쳐서 시내로 들어가는 학생들의 데모대는 자연스럽게 광화문 앞에 도달하는데, 그 무렵이면 데모를 시작한 지도 몇 시간이 지난 뒤라 학생들이나 경찰들도 상당히 지쳐 있기 마련이었다. 그때 학생 데모대의 최종 목적지는 광화문이나 중앙청이라고 학생들이나 경찰들도 서로 암암리에 이해하고 있었던 것 같았다. 어쨌든 광화문 네거리, 이순신 장군 동상이

서 있는 지점에서 오른쪽으로 중앙청을 향해 돌아서면 지금까지 우리를 인도해 온 경찰들의 태도와는 판이한 이중 삼중의 경찰 저지선이 살벌한 모습으로 우리를 기다리고 있었다.

거기서 학생들은 땅바닥에 주저앉아 휴식도 취하고 도시락을 꺼내 점심을 먹기도 했다. 많은 시민이 지켜보고 있는 가운데 경찰과 대치하고 있는 상황에서 좀 어색한 데가 있긴 했지만, 학생들도 지쳐 있었던 데다 배도 고팠고 새로운 상황에 어떻게 대처해야 할지 생각해 볼 시간적 여유도 필요했던 것 같다. 지금 희미한 기억을 더듬어 보면 학생들이 도시락을 꺼내 먹는 동안에 경찰들에게는 빵이 제공되어 같이 나란히 점심시간을 갖는 풍경이 펼쳐지기도 했다. 당시에는 지금처럼 군 복무 대신으로 하는 전경 제도가 없어서 경찰들이 학생들보다 나이가 많긴 했지만 피차 땅바닥에 마주 앉아 있노라면 서로 같이 고생한다는 묘한 동료 의식조차 느껴지곤 했다.

그러나 그런 느낌은 느낌일 뿐 학생들이 밥을 먹고 나서 다시 대오를 가다듬어 앞으로 나가겠다는 자세를 갖추면 경찰들은 이제는 한 걸음도 허용하지 않겠다는 단호한 태도로 대치하게 되는 것이다. 그 자리에서 벌어지는 경찰들과의 몸싸움은 교문 앞에서 밀고 당기는 그런 몸싸움과는 근본적으로 달라서 경찰들은 곤봉을 사용하기 시작하고, 따라서 학생들의 시위도 자연히 격해졌다. 학생들의 함성과 비명, 길거리에 쏟아지는 학생들의 가방······.

그러나 대체로 조직적인 힘의 대결에서는 역부족인 학생들이 얼마 버티지 못하고 사방으로 흩어지기 마련이었다. 때로는 우리가 광화문에서 경찰과 대치하는 동안에 다른 대학이 당시 일본대사관이 있던 반도 호텔을 습격하고 있다는 연락이 와서 경찰들의 움직임이 혼선을 빚는 일도 있었는데, 아마 학생 데모 지도자들 간의 상호 협동작전도 있었던 것 같다.

우리는 다음 날 학교에서 만나 어제 데모 이야기도 하며, "야, 인마, 네가 뒤에서 고개를 숙이고 딥다 밀어서 나만 실컷 얻어맞았잖아!" "야, 사람 잡지 마. 경찰과 맞불었을 때는 어디 갔는지 보이지도 않던 놈이!" 하는 등의 실없는 소리를 주고받으며 데모에 나섰던 자신들의 행동을 되새겨 보곤 했는데 항상 뒷맛은 씁쓸했다.

그렇게 서너 달을 보내고 여름 방학이 되자 대학에 입학한 이래 꾸준히 해온 일이라곤 가정교사 일밖에 없다는 생각이 들었다. 일단 그렇게 생각이 들자 그런 식으로 대학 생활을 계속할 수 없다는 사뭇 비장한 마음으로 며칠을 고민했다. 생각 끝에 어차피 한번은 거쳐야 할 것이니 지금 군대에 입대하자는 결정을 하게 되었다.

곧장 병무청을 찾아가 입대하겠다고 하니, 당시 기를 쓰고 대학 가는 이유 중 하나가 군 복무를 졸업할 때까지 연기할 수 있다는 점도 있는데, 어렵게 입학한 대학에 들어가자마자 무슨 사연이 있기에 몇 달 다니지도 않고 입대하겠다고 사정하느냐고 핀잔만 들었다. 그래도 나는 포기하지 않고 육군 본부의 아는 사람을 통해 부탁해서 입대하게 되었다. 그 당시나 지금이나 소위 '빽'을 써서 군대에 가지 않으려는 경우가 많은데 나는 '빽'을 써서 군대에 가게 되었으니 좀 이상하게 되었다.

그런데 나의 입대는 우리 동기들에게 예측하지 못했던 돌발적인 일로 받아들여졌던 것 같다. 아무리 국어과 동기들이 좀 '데카당'하고 저돌적이었지만 대학 1학년 같은 반 친구가 군대 가는 것은 약간은 충격적인 사건이 된 셈이다. 그래서 내가 입대한다는 것을 알고는 좀 과장해서 이야기하면 6.25 때 학도병을 보내는 사람들처럼 흥분했고, 우리 과 여학생들은 환송 파티에 꽃다발까지 가지고 와서 나에게 안겨 주어 나 자신도 내가 지나친 일을 저질렀는가 하는 생각이 들 정도였다.

그 뒤에 동기 몇 명이 줄줄이 입대했는데, 꽃다발 증정을 받은 것은 내가 처음이자 마지막이었고 나중에는 환송 파티도 없었다고 뒤늦게 입대한 친구가 투덜거렸다. 이때 나는 갓 스물이었으니 내 20대의 첫 번째 단락은 이렇게 매듭을 지었다.

(1997. 12.)

서른 살 고개

서른은 서러운 나이다.

서른은 가슴 서늘한 나이다.

격랑의 파도를 넘기고 돌아갈 항구를 바라보는 나이다.

그래서 어느 시인이 '서른, 잔치는 끝났다'고 선언한 것인가.

칠십고래희(七十古來稀)의 중반도 넘은 나이에 서른 고개를 회상해 본다. 나는 서른 무렵에, 지금은 한국에서 아주 유명해진 어느 사립학교에서 교편생활을 시작했다. 그 시절을 생각하면 항상 떠오르는 두 사람이 있다. 나를 그 학교로 소개해 준 고향 친구 L과 거기에서 처음 만난 J 선생이다. L은 도덕 과목을 담당하고 있었고, J 선생은 미술 선생이었다.

우리 세 사람은 서른 안팎이었고, 교무실에서는 바로 옆자리에 J 선생, 뒷자리에는 L 선생의 자리가 있어 쉬는 시간에는 서로 실없는 농담을 주고받았다. 나는 L 선생에게 도덕이 무슨 학과목이냐고 시비를 걸었고, 화가는 화실에 있어야 하는 것이 아니냐고 자책하는 J 선생과 덩달아 한탄했다.

우리는 탈출을 꿈꾸고 있는 죄수들처럼 항상 서성거렸다. 빠듯한 시간표로 짜인 하루 일과가 끝나면 우리 세 사람은 학교 뒷골목 허름한 선술집에서 잔을 기울이며 30대의 울분을 토하곤 했다.

나를 빼고 두 사람은 모두 대학원을 다니고 있어 문자 그대로 주경야독(晝耕夜讀)하는 착실한 직장인이자 모범적인 생활인들이었는데, 그들은 자신들의 그런 분주한 생활을 각박하고 여유가 없다고 탄식했다. 서른 살 고개의 사람들만이 지닐 수 있는 감수성과 결벽증이었다고 할 수 있다.

오전에 모든 수업을 마친 탓에 모처럼 한가해진 어느 오후에 나는 시집을 들추고 있었다. 바로 옆자리에서 차를 마시던 J 선생이 마침 내가 펼쳐 놓은 박용철 시인의 시 〈떠나가는 배〉를 보더니, "김 선생, 그 시 내가 써 줄게"라고 말했다.

J 선생은 말을 마치자마자 서랍에서 종이 한 장을 꺼내고, 책상 위에 놓인 컵에 꽂혀 있던 펜 중에서 하나를 골랐다. 그리고 나무로 된 펜대를 조각칼로 가늘게 저미더니 붓 모양으로 만들었다. 나는 붓대에 꽂혀 있는 여러 가지 다른 붓을 두고 펜대를 깎아 대용 붓을

만드는 것이 신기했다. J 선생은 준비를 마치고 특유의 필체로 또박
또박 시를 적어 내려갔다. 그리고 푸른색과 붉은색 잉크만 사용해
서 포구에 정박한 배들의 그림자가 투영된 그림도 그려 넣었다.

나 두 야 간다
나의 이 젊은 나이를
눈물로야 보낼 거냐
나 두 야 가련다

아늑한 이 항군들 손쉽게야 보낼 거냐
안개같이 물 어린 눈에도 비치나니
골짜기마다 발에 익은 묏부리 모양
주름살도 눈에 익은 아, 사랑하던 사람들

버리고 가는 이도 못 잊는 마음
쫓겨 가는 마음인들 무어 다를 거냐
돌아다보는 구름에는 바람이 희살 짓는다
앞 대일 언덕인들 마련이나 있을 거냐

나 두 야 가련다
나의 이 젊은 나이를

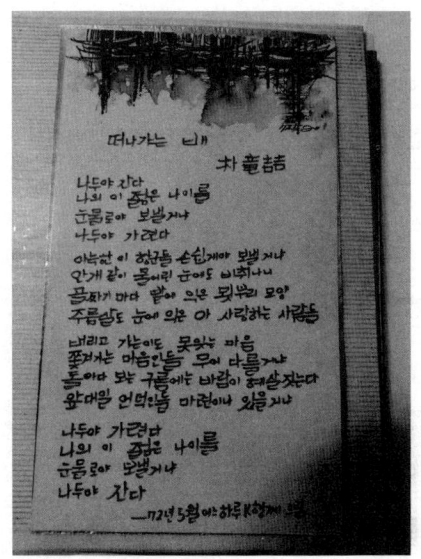

J 선생이 그려 준 시화 〈떠나가는 배〉.

눈물로야 보낼 거냐

나 두 야 간다

그러고는 밑에, '72년 5월 어느 하루 K형께 드림'이라고 적었다. 작업을 마친 J 선생은 종이 뒷면에 금빛 나는 은박지를 덧붙여 흡사 액자처럼 보이게 만들었다. 아아, 당시 J 선생은 자신이 만든 이 소품이 캐나다로 가는 내 이삿짐 속의 들어가 50년 가까운 세월이 흐른 뒤에도 남아 있을 거라고는 상상하지 못했을 것이다.

내가 캐나다에 가서 20여 년의 세월을 보내고 한국을 방문했을 때, L은 자기 회사를 운영하는 기업인이 되었고, J 선생은 국립대학의 교수가 되어 있었다. 우리는 낯선 강남의 어느 선술집에서 예전처럼 잔을 기울이며 함께 지내던 서른 살 시절을 회상하고 장년이 된 서로의 모습을 확인했다. L에게서는 사업을 하는 사람의 풍모가 보였고, J 선생에게는 중견 교수의 경륜이 느껴졌다.

우리 셋은 모두 술 마시는 분위기는 좋아하나 술이 약한 사람들이라 술이 몇 순배 돌아가자 곧 취기가 돌았다. 비록 'L 사장', 'J 교수' 하며 호기를 부리면서 옛날처럼 실없는 농담을 나누었지만, 불과 며칠 뒤에 나는 다시 캐나다로 돌아가야 하니 언제 우리가 함께 다시 만날 수 있을지 전혀 기약할 수 없었다. 술자리 내내 오늘 모임이 끝나면 다시 헤어져 각자의 길을 가야 한다는 생각이 마음을 짓눌렀다.

나와 L은 가는 방향이 같아 두 사람이 한 택시를 같이 탔다. 어둠이 깔리는 길거리에서 우리는 곧 다시 만날 수 있는 사람들처럼 짐짓 유쾌하게 헤어지려 했다. 택시가 천천히 움직이자 우리는 뒤에 홀로 남은 J 선생에게 손을 흔들었다. 술기운 때문인지 얼굴이 약간 붉어진 J 선생은 택시를 몇 걸음 따라오다가 갑자기 고개를 숙이고 내 이름을 거듭 부르면서 느닷없이 "죽지 마! 죽지 마!"라고 외마디 절규처럼 소리쳤다.

술자리에서 표현하지 못하고 내내 자제하던 감정이 터져 나온 것이다. L은 "야, 누가 지금 죽냐?" 하고 가벼운 술주정으로 넘기려 했지만, 나는 그 짧은 한마디에 담긴 의미를 알 것만 같아 가슴이 저려 왔다. J 선생은 내가 30대에 그에게서 느꼈던 풋풋하고 예리하던 예술가의 감성과 기질을 그대로 지니고 있었다. 화가 김환기의 그림 제목 〈어디서 무엇이 되어 다시 만나랴〉가 머리를 스치고 지나갔다.

그 후 얼마 되지 않아 고향 친구 L은 뜻하지 않은 병으로 고생하다 한창 나이에 세상을 떠났다. 항상 낙관과 여유에 찼던 그의 모습과 병상에서 마지막으로 나에게 보냈던 절망적이던 편지를 떠올리면 여전히 가슴이 먹먹하다.

언젠가 다시 고국을 방문할 기회가 있으면 J 선생을 만날 수도 있겠지만, 같이 어울리던 세 사람 중 한 사람이 빠져 버린 그 허전함을 어찌 가눌 수 있을지 황망하다.

(2020. 3.)

귀향기(歸鄕記)

이번 여름에 한국에 가면서 나는 무슨 해결해야 할 일이라도 되는 것처럼 대구를 꼭 찾아가리라고 마음먹고 있었다. 지금까지 사람들이 고향이 어디냐고 물으면 나는 서슴지 않고 대구가 내 고향이라고 말해 왔다. 그러나 고향을 어떤 사람들이 하듯이 태어난 곳으로 말하면 함경남도 함흥이요, 또 어떤 사람들처럼 본적지로 이야기한다면 경상남도 마산이다. 공교롭게도 함흥이나 마산이나 다 항구도시이기 때문에 나는 경우에 따라선 끝없이 펼쳐진 아름다운 바다와 점철된 고향의 기억을 가질 수도 있었다. 그런데 어쩌다 주위가 산으로 삥 둘러싸인 분지(盆地)인 대구가 내 고향이 된 것 또한 운명이 아닌가 싶다.

사실 대구는 내 어머니의 고향이긴 하지만, 일제 강점기에 전기

회사에 근무하시던 아버지의 직장을 따라 타향살이하던 우리 가족이 6.25 사변을 겪으면서 대구에 정착하게 되었다. 그에 따라 나는 그곳에서 어린 시절을 보내게 되었으므로 대구가 나의 고향이 된 것이다.

장난 심하던 유년 시절과 생각 많던 소년 시절을 보낸 곳이니 그곳에 얽힌 추억과 사연이 아련하다. 하지만 지금까지 애써 찾지 않았던 것은 그 아련한 그리움만큼 마음의 상처가 컸던 곳이기도 하기 때문이 아닌가 한다.

내가 지금까지 살아오면서 계속해서 문학의 언저리에서 맴돌게 된 연유를 만약 유전적인 요소에서 찾는다면 그것은 어머니의 영향이 크다. 우리 어머니는 어려서부터 글을 잘 써서 〈동아일보〉에 장래가 촉망되는 문학가라고 소개될 정도로 문학적인 재질이 있었다. 어머니는 지극히 보수적이던 아버지 집안에 시집와서도 틈틈이 글을 쓰시곤 했다.

그 어머니가 내가 중학교를 입학하던 봄에 그때 이미 병환에 계시던 아버지를 두고 돌아가셨다. 어머니의 죽음이 감수성이 한창 예민하던 열네 살짜리 소년이던 나에게 준 충격은 말로 표현 못 할 지경이어서 옛 문자 그대로 하늘의 한 모퉁이가 무너진 느낌이었다.

이렇게 시작된 나의 중학교 3년은 번민의 시절이었다. 나는 당시 내게 닥쳐 온 현실적인 어려움도 헤쳐 나가야 했지만, 그 무렵 한창 관념의 세계를 헤엄치고 있을 때라 해답을 얻을 수 없는 삶의 근본적인 문제들을 부둥켜안고 몸부림쳤다. 누구나 그 시절을 통과하려면 상당한 대가를 치러야 하지만, 그 기간의 어떤 부문은 지금 생각해 봐도 나한테는 혹독했다고 할 정도로 어려웠다.

이젠 그 시절도 기억도 아스라한 옛일이 되고 보니 그 어려웠던 부분조차도 내 인생에서 버릴 수 없는 소중한 한 부분으로 느껴진다. 하지만 나에게 그 중학 시절은 참으로 고독했고 삭막했다.

당시의 나에게는 책 읽는 것만이 구원이었는데, 때로는 책들을 잔뜩 구해서 벽장 속에 수북이 쌓아 놓고 정말 밤낮없이 읽어 댄 적도 있었다. 그럴 때 잠시 책을 놓고 환한 바깥에 나오면 현실과 책 속의 세계가 혼동되어 몽유병 환자와 같은 상태에 놓이기도 했다. 그것은 나의 독서 시절에서 '폭풍 노도(怒濤)의 시기'라 할 수 있는데, 계통도 없이 무질서하게 닥치는 대로 읽어서 그 당시의 내 머릿속은 가히 무정부 상태라 할 만했다.

그것은 안톤 체호프, 헤르만 헤세, 토머스 하디, 이반 투르게네프, 알베르 카뮈, 어니스트 헤밍웨이, 생텍쥐페리, 존 스타인벡, 잭 케루악 등의 개성과 사상이 다른 여러 작가가 큰 응접실에 편한 대로 둘씩 셋씩 여기저기 모여 앉아 있는 묘한 풍경과 흡사하다고 할 수 있다.

특별히 헤르만 헤세를 정말 줄기차게 읽었는데, 그만한 나이에 당연하다고도 생각할 수 있지만 헤세의 작품 속에 그려지는 정적에 잠긴 수도원이나 안개 낀 전원의 모습은 나에겐 더할 수 없는 피안

(彼岸)의 세계였다. 《나르치스와 골드문트》나 《데미안》을 빼놓고 어떻게 내 소년 시절의 정신적 순례를 이야기할 수 있을 것인가. 그래서 어떻게 보면 나는 그 어려운 중학 시절을 헤세를 읽으면서 넘겼다고 할 수 있다.

책 읽기 말고 그 중학 시절의 나를 구원한 것은 친구들과 어울림이라고 할 수 있는데, 한창 장난스러울 수도 있고 한창 심각할 수도 있는 10대 소년인 우리는 근교의 과수원에 가서 사과 먹기 내기를 하는가 하면, 산사를 찾아가 그 고아한 분위기가 괜히 머쓱해서 절 앞 계곡에서 가재를 잡는다고 바위를 뒤집곤 했다. 때로는 같이 공부한다는 핑계를 대고 이불을 싸 들고 돌아가면서 한 집에 모여 소설 이야기를 하며 열을 올리거나, 아니면 밑도 끝도 없는 이야기로 밤을 새운 일도 여러 번 있었다.

그렇게 중학 시절을 마치자마자 나는 황황히 대구를 떠났다. 그 뒤 서울에서 학교에 다니는 동안에 가끔 밤 기차를 타고 대구를 잠깐 다녀가곤 했다. 특별한 목적 없이 밤 기차를 타고 생각에 잠겨 어두운 밖을 내다보며 몇 시간을 달리노라면 가는 동안에 기차를 올라타야 했던 그 감정의 앙금이 사라져서 다음 날 새벽에 대구에 도착하자 다시 기차를 갈아타고 서울로 돌아온 적도 있었다.

그리고 대학을 졸업하고 교편생활을 하다가 캐나다라는 생각도 해보지 않던 외국에 와서 살게 되었으니 사람의 운명은 정말 모를 일이다. 강산이 변한다는 10년 세월의 두 배나 되는 20년이라는 긴 세월을 캐나다에서 사는 동안 서너 번 잠깐씩 한국을 방문한 일이 있었지만, 그때마다 너무 급히 다녀오느라 느긋하게 대구를 찾을 마음의 여유를 갖지 못했다.

사실 마음의 여유보다 대구에는 벌써 오래전에 나의 먼 일가친척들과 친구들이 거의 떠나 버려, 이제 그곳은 내 어린 시절의 삶의 흔적이 있는 곳이라는 것과 그곳 어디에는 아직도 몇 명의 옛 친구가 남아 있을 것이라는 막연한 개연성 외에는 내가 대구를 방문할 만한 현실적인 이유가 없었다고 하는 것이 더 정확한 표현이리라.

이야기가 좀 장황해졌지만, 하여튼 이번 여름 서울에 도착해서 몇 군데 연락만 하고 대구로 내려갔다. 고속버스 정거장에서부터 영 길을 알 수 없어서 누가 보아도 오랜 세월이 흐른 뒤 고향에 돌아와 이미 흔적이 사라져 버린 옛 고향의 모습을 보고 낭패스러워하는 귀향객의 모습이 완연했는데, 이리저리 헤매다가 가까스로 희미한 기억이 나는 거리 한 모퉁이에 서니 이유도 모를 안도의 한숨이 나왔다. 거기서부터 기억을 더듬어 옛날 중학교를 찾아갔는데, 길모퉁이를 돌아가니 저만치 내 기억보다는 조금 작기는 하나 눈에 익은 모교의 모습이 보였다. 생각해 보니 내가 그 거리를 떠난 지 꼭 35년 만이었다.

학교 앞길이 널찍하게 확장되는 바람에 학교 앞 마당은 좁아지고 정문은 옆으로 비켜나고 했으나 짙은 담쟁이에 둘러싸인 옛 건

옛날 중학교 교정의 모습.

물의 모습은 변함이 없었다. 그 담쟁이에 둘러싸인 학교를 3년 동안 아침저녁으로 드나든 때문에, 나는 그 후에 한 인간의 일생을 통하여 마음의 고향이 될 수 있는 학교란 모름지기 담쟁이덩굴에 덮여야 한다는 엉뚱한 편견을 갖게 되었다.

현관을 통해서 건물에 들어서니 방학인데도 몇 명의 학생이 나와서 좀 어두컴컴한 복도를 청소하고 있었는데 어쩌면 그렇게도 옛날과 변하지 않은 풍경인가. 나는 지금이라도 내가 곧장 복도 끝에 있는 교무실에 들어가 청소 검사를 받아야 한다는 착각이 들 지경이었다. 교무실 옆에는 글과 그림들이 걸려 있었는데, 그중 하나가 내 눈에 들어왔다. 그것은 시인 장만영의 〈다시 만나는 날은〉이라는 시였다.

　　이런 이별을 위해
　　우리 만난 것일까?
　　이런 아픔 주려고
　　만남을 준비했던가

　　다시 만나리란 생각을
　　하고 또 해보지만
　　그저 멀리만 느껴지는 시간들

　　언제 다시 만나서
　　그 옛날의 추억들을 다시 만들까
　　다시는 못 만난다는 생각에
　　두 눈에 눈물 고이고
　　가슴엔 안개가 끼네

　　그 옛날 학교 졸업식에서 읽힐 만한 다분히 감상적인 이 시를 읽으면서 나는 이 시가 그 시간에 참 걸맞은 장소에 걸려 있다고 느꼈다. 그렇게 떠나서 나는 35년 만에 이렇게 혼자 돌아온 거라는 생각이 잠시 내 머리를 스쳤다.

어두컴컴한 복도에 서서 벽에 걸린 액자를 들여다보고 있는 나를 이상하다는 시선으로 보고 있던 젊은 여선생을 발견하지 않았다면, 아마도 나는 이층에 있는 교실까지 올라가 보았을 것이다. 밖으로 나와 교정에 놓인 벤치에 걸터앉으니 아까 청소하던 녀석들 같은데 옆에서 저희끼리 시시덕거리며 장난을 친다. 가방에서 사진기를 꺼내 그중 한 아이를 불러 학교 교정을 배경으로 내 사진을 한 장 찍어 달라 부탁하며 몇 학년이냐고 물었더니 중학교 1학년이라고 한다.

아직도 솜털이 보송보송한 병아리 같은 느낌을 주는 그 아이를 보면서 내가 저만할 때 그렇게 심각하게 삶에 대해 번민하고 착잡한 감정의 기복을 겪었던가 하고 생각하니 그 아이를 다시 쳐다보게 된다. 어쨌든 저 나이에 나는 이 교정에 있었고, 그 후 35년이라는 세월이 흘러 이제 머리에 흰 서리를 얹고 돌아와 그 교정에 다시 서게 된 것이다.

자기 친구가 웬 낯선 어른과 사진기를 들고 얘기 나누는 걸 옆에서 잔뜩 호기심을 가지고 곁눈질하던 네댓 명의 아이에게 "야, 너희들, 이 아저씨와 사진 한 장 같이 찍자"라고 했더니, 입가에 장난기가 다닥다닥한 그 아이들이 싱글거리면서 "왜 우리가 아저씨하고 사진 같이 찍어요?" 하고 반문한다. "야, 이 아저씨도 옛날에 이 학교에 다닌 적이 있지" 하는 내 말을 듣더니 금세 고분고분해져서 내 주변에 둘러서 사진 찍을 자세를 잡는 것이 귀여웠다. 당나라 시인

하지장(賀知章)의 시구가 생각났다.

　　少小離家老大回

　　鄕音無改髮毛衰

　　兒童相見不相識

　　笑問客從何處來

　　젊은 나이에 떠난 고향 늙어서 돌아오니

　　고향 사투리 한결같고 나는 백발

　　아이들을 만나도 알 리가 없고

　　어디서 오는 나그네냐고 웃으면서 묻는다.

　나는 아이들과 작별하고 나오다가 다시 뒤를 돌아보았다. 따가
운 8월의 햇살을 받고 있는 교정은 썰물이 빠져나간 갯벌처럼 평화
스럽기만 했다.

(1995. 11.)

그래도 봄은 온다

이번 겨울은 유난히 길었다는 느낌이다. 언젠가 《지난겨울은 따뜻했네》라는 정감 어린 책 제목도 있었던 것 같은데, 지나간 겨울을 돌이켜보면 어느 구석에서도 그런 느낌을 자아낼 곳이 없다. 며칠에 한 번씩 내리던 눈, 그래서 그쳤는가 하면 내리고, 그쳤는가 하면 또 내리던 눈, 날이 조금이라고 풀리면 그동안 쌓인 눈이라도 녹을까 염려하는 것처럼 조금도 틈새를 주지 않던 추위, 북쪽 나라의 겨울다웠다.

하긴 지난 몇 년 동안에는 겨울이 너무 온난하고 눈도 많이 내리지 않았다. 그래서 캐나다의 겨울을 대비하여 두꺼운 파카를 준비하는 등 만반의 준비를 하고 왔던 한국의 어느 방문 교수를 적이 실망시킨 적이 있었다. 이분은 한국에서 캐나다를 생각할 때면 가와 바다 야스나리의 《설국》(雪國)을 연상하며 순백의 눈에 덮인 동토(凍土)의 이미지를 떠올렸다고 하면서 실소를 했다. 그분이 작년에 왔더라면 그렇게 실망하지 않았을 것이다.

어제는 날이 갑자기 풀려 낮 최고 온도가 28도까지 올라가는 이상 기온을 보였다. 흡사 초여름 같은 날씨였다. 거리에 나온 사람들의 옷차림은 정말 가지각색이었다. 겨울 코트를 입은 사람, 여름 티셔츠를 입은 사람, 얇은 점퍼 차림의 사람, 스웨터를 입은 사람, 각자 자기가 집을 나오던 시간에 옷을 맞춰 입고 나온 것이다. 그러나 누구 하나 자기와 다른 차림을 하고 나온 사람들을 이상하게 보는 사람이 없다. 워낙 남의 일에 관여하기를 꺼리는 사람들이기도 하지만 어쩌다 주변과 영 어울리지 않는 옷을 입은 사람을 보고도 전혀 대수롭지 않게 보아 넘기는 캐나다 사람들의 태도는 이런 예측 불가능한 기후가 일조했는지도 모른다.

길고 추운 겨울을 보내고 맞이하는 따뜻한 봄은 각별한 정감을 일으킨다. 그러나 이번 봄은 이라크 전쟁의 후유증과 원인을 모르는 사스라는 괴질로 어수선하기만 하다. '전쟁을 한다, 한다' 하며 예고에 예고를 거듭한 전쟁이긴 했지만, 수많은 사람이 죽어야 하는 전쟁이 설마 그렇게 일어날까 했었다.

그러나 정말 우리 눈앞에서 과학 영화에 나오는 무시무시한 무기를 총동원한 전쟁이 벌어졌었다. 그것은 문자 그대로 '충격과 공포'였다. 이번에도 또 무고한 사람들이 많이 죽었다. 번다한 이야기로 수식된 어른들의 세계도 본질을 헤쳐 놓고 보면 아이들의 세계와 별로 다름이 없다는 것을 다시 한번 적나라하게 보여 줬다. 그러고는 다시 '평화'가 찾아왔다고 한다. 이래서 죽은 사람들은 죽고 산 사람들은 또 씩씩하게 살기를 계속하는 것인가.

사스라는 질병은 아직 그 전파 경로도 확실하지 않고 환자를 치료하던 의사까지 전염되어 사망했다 하여 사람들은 어디에서 총알이 날아올지 모르는 거리를 걸어가는 기분으로 불안해한다. 두어 주일 전에는 잘 알려진 어느 조그만 중국 상가에 나갔다가 그 황망한 분위기에 놀란 적이 있다. 신문 보도를 보고 짐작은 했지만, 그 정도인 줄은 상상을 못 했다.

평소에는 사람들로 왁자지껄하게 붐비던 음식점 광장에는 외부에서 들어온 사람들은 찾기 어렵고 상가에서 일하는 사람들만 가끔 눈에 띌 뿐이었다. 아예 문을 닫은 식당들도 여럿 있었고, 그 사이사이에 문을 열고 있는 몇 개의 식당도 손님이 전혀 없었다. 식당 카운터 뒤에는 종업원들이 옹기종기 모여 앉아 을씨년스런 모습으로 밥을 먹고 있다가 어쩌다 밖에서 들어온 사람을 의아한 시선으로 바라보곤 했다.

길고 추운 겨울을 잘 참고 지내면서 화사하고 희망찬 봄을 그리며 지내 온 사람들에게 이 봄은 정말 실망스럽다. 널리 알려진 한시의 '봄은 왔는데 봄 같지 않네'(春來不似春) 하는 구절이 자꾸 떠오른다.

그러나 길거리 여기저기에서 눈에 띄는 개나리는 이미 노란 꽃

망울을 터뜨리고 있고 담장 옆에서 따스한 햇살을 받고 있는 목련
도 얼마 있지 않아 그 우아한 꽃들을 피울 것이다. 인간의 일은 자연
의 순리를 따라가지 못해도 계절의 흐름을 그 누가 막을 수 있으랴.

(2003. 5.)

봄을 맞이하며

　근래에 와서 새삼스럽게 시간이 참 빨리 흐른다고 느낀다. 빠르게 흐르는 세월을 비유하는 여러 가지 표현이 있다. 그중에는 '화살같이' 흐르는 세월이란 말도 있다. 그 말은 인생의 마지막에 가서 지나간 한평생을 되돌아볼 때 좀 더 실감 나게 들릴지 모르지만, 아직은 그런 표현보다는 '세월이 흐르는 물(流水) 같다'는 말이 더 쉽게 와 닿는다. 세월이 '화살같이 흐른다'는 말은 화살처럼 빠르다는 말도 되겠지만 그보다는 활시위를 떠나 거침없이 날아가는 화살처럼 잡을 수가 없다는 탄식의 의미가 더 많지 않은가 한다.

　캐나다는 겨울이 참 길다. 눈 오는 기간으로 따지면 1년의 반이 겨울이라고도 할 수 있다. 그 지루한 겨울을 참고 지나고 나면, 지난 해의 마지막 한 부분과 새로운 해의 앞부분이 뭉텅 잘려 나간 기분

캐나다의 봄.

이 든다. 그러고 나서 다시 돌아올 겨울까지 남은 기간을 생각하면 '금방'이라는 느낌이 드는 것이다. 그러니 1년의 흐름이 더욱 짧게 느껴질 수밖에 없다.

신록(新綠)이 눈부시게 아름다운 요즈음이다. 투명할 정도로 아른아른한 연초록빛 잎사귀들을 바라보면 그 순수한 아름다움이 꽃보다 더하면 더했지 결코 못하지 않다는 느낌이 든다. 시간을 내어서 숲속으로 이어진 오솔길을 걷는다.

나무숲의 향기가 코끝을 스친다. 어디선가 맑은 새소리가 들려온다. 눈에 보이는 모든 공간을 채우고 있는 이 많은 풀은 그 길고 추웠던 겨울 동안 어디서 어떻게 연명하다가 오늘 이 자리에 그 모습을 나타낼 수 있었는지 신기하고 대견하기만 하다.

풀숲 여기저기에 고개를 내밀고 있는 이름 모를 꽃들을 하나하나 살펴본다. 사방에 가지를 정취 있게 드리우고 하늘을 향해 치솟고 있는 잘 자란 나무들을 쳐다보는 것은 특별한 즐거움이 있다. 나는 언제나 높은 나무를 보면 맨 꼭대기의 하늘거리는 가지를 확인하는 버릇이 있다.

어린 시절 느티나무의 높다란 꼭대기를 어지러워질 때까지 바라보던 아이가 어른이 되어서도 아직도 그 버릇을 버리지 못한 것이다. 그러고는 눈길은 자연히 푸른 하늘을 배경으로 한가롭게 떠 있는 흰 구름으로 옮아간다. 목월(木月)의 〈4월의 노래〉가 생각난다.

목련꽃 그늘 밑에서
베르테르의 편지를 읽노라
구름꽃 피는 언덕에서
피리를 부노라

아, 멀리 떠나와
이름 없는 항구에서
배를 타노라

봄이 오면 한국에서 널리 불리던 노래다. 계절의 싱그러움과 낭만이 어우러지는 시절이 있었다. 이제 이 북쪽 나라, 캐나다에도 5

월이 숨 가쁘게 지나가고 어느새 6월로 접어들었다. 그러나 우리 집 창가의 작약(芍藥)은 아직 피지 않았다. 자세히 들여다보면 꽃망울들은 이미 올망졸망 탐스럽게 영글어 때만 되면 언제라도 개화(開花)할 준비가 되어 있다. 나는 앞으로 얼마 동안은 마당에 나오면 작약 앞에서 서성거릴 것이다. 굳이 활짝 핀 꽃을 보아야겠다는 것은 아니다. 꽃은 피면 곧 시들 것이다. 그러나 기다림이란 얼마나 좋은 것인가.

지난 한 주 동안은 거의 매일 한두 번씩 비가 내렸다. 오늘도 아침부터 비가 내린다. 문자 그대로 봄을 재촉하는 비다. 비가 한 번씩 내리고 나면 풀과 나무가 그 푸름을 더해 간다. 창문을 열고 비 내리는 뜰을 가만히 내려다보면 풀들이 눈앞에서 조금씩 솟아오르는 것 같은 착각을 하게 된다. 아아, 푸른 생명력으로 벅차게 다가서는 이 찬란한 계절의 한복판에서 나는 잠시나마 망연(茫然)해진다.

(2001. 6.)

코스모스가 있는 풍경

나 자신이 세련된 사람이 아니라서 그런지 현란한 색깔과 화려한 자태를 지닌 꽃들은 어쩐지 부담스럽고 수수한 모양의 꽃이 좋다. 사람들이 무슨 꽃을 좋아하느냐고 물으면 나는 스스럼없이 코스모스와 개나리를 좋아한다고 대답한다.

코스모스를 좋아하는 사람들은 꽤 많다. 그러나 개나리를 좋아하는 꽃으로 내세우는 사람들은 그리 많지 않은 것 같다. 개나리를 좋아한다고 하면, 상대방은 농담 반 진담 반으로, "개나리요? 촌스럽지 않아요?" 하는 반응을 보일 때가 많다. 나는 적당한 말을 찾지 못하고 그저, "예, 좀 촌스럽지만, 그래도 좋아요"라고 대답한다. 그러고 보면 이름도 촌스럽게 '나리'꽃도 아니고 '개나리'다. 그러나 이름이 뭐 대단한가? 세상에는 이름만 근사할 뿐 내용이 판이한 경우가 얼마나 많은가.

지루하던 겨울의 끝자락에 이제나저제나 하고 봄이 기다려지는 때가 있다. 그러던 어느 날, 담장 아래 피어난 샛노란 개나리를 보면 정말 "아!" 하고 낮은 탄성을 발하게 된다. 황량하고 어두운 긴 겨울을 인내하고 솟아오르는 생명의 향기라고 할까.

중학교에 막 들어가서 작문 시간에 자기가 좋아하는 꽃에 대하여 글을 써보라는 과제를 받은 적이 있었다. 나는 별다른 생각 없이 개나리와 코스모스를 좋아한다고 쓰고, "개나리 활짝 핀 따뜻한 봄날, 코스모스 지는 싸늘한 달밤"이라고 어디선가 읽은 대구(對句)를 인용한 적이 있다. 어쩌다 그 글은 학교 교지에 실리게 되었고, 그 글귀의 단순한 운율(韻律) 때문에 그 후에도 나는 개나리나 코스모스를 보면 그 구절을 되뇌곤 했다.

그러나 "개나리 활짝 핀 따뜻한 봄날"은 매년 볼 수 있지만, "코스모스 지는 싸늘한 달밤"에 대해서는 생생한 기억이 없다. 내 머릿속에 어렴풋하게 떠오르는 그러한 광경이 있기는 한데, 내가 언젠가 실제로 본 것인지 아니면 내 상상 속에서 만들어 낸 그림인지 분명하지 않다.

3, 4년 전에 코스모스 씨앗 한 봉지를 사 와서 집 앞에 뿌렸다. 그해는 웬일인지 몇 줄기 나지도 않았고 꽃도 부실했다. 나는 그 몇 줄기에서 씨를 받아 다음 해 봄에 또 씨를 뿌렸다. 이번에는 조그마

한 코스모스의 집단이 생겼다. 코스모스는 무리를 짓지 못하면 잘 자라지도 않고 볼품도 없다. 그다음 해는 우리 집 진입로에 한 줄로 심었더니 꽃이 피는 가을에는 집에 들어올 때마다 코스모스의 '열병'(閱兵)을 받을 수 있게 되었다. 나는 신이 나서 금년 봄에는 진입로와 집 앞에 걸쳐 ㄴ자로 씨를 뿌렸다. 그리고 코스모스가 무릎만큼 자라는 것을 보고 여름학기 강의를 위해 한국으로 떠났다.

한국의 여름은 올해도 예외 없이 대단히 무더웠다. 어렸을 때 분명히 한국은 온대 지방이라고 배웠는데, 한국을 20여 년이나 떠나 있었던 나에겐 아열대 지방처럼 느껴졌다. 느닷없이 쏟아지는 폭우며, 도시를 벗어나면 흙이 드러나 있는 곳에는 어디나 시퍼렇게 쑥쑥 자라고 있는 풀과 나무들이 동남아 어느 나라의 풍경처럼 느껴졌다.

찌는 더위 속에서 몇 주의 강의를 마치자마자 서둘러 귀환 길에 올랐다. 그리고 밤늦게 토론토 공항에 내렸을 때 느낀 서늘한 기운은 몇 시간 전의 한국 기온과 완전히 달라 그 서늘함이 오히려 충격처럼 다가왔다.

자정이 가까운 시간에 집에 도착하자 눈에 먼저 들어온 것은 집 앞 가로등 불빛 아래 흐드러지게 피어 있는 코스모스의 무리였다. 달빛이 아닌 가로등인 것이 좀 아쉬웠지만 코스모스는 서늘한 밤바람에 물결처럼 흔들리고 있었다. 나는 차에서 내려 짐을 내리기 전에 먼저 코스모스의 물결을 한참 바라보았다. 그리고 집에 다시 돌아온 것을 실감했다.

　　오늘도 나는 창밖으로 가을의 마지막 풍경을 이루고 있는 코스모스 물결을 본다. 이제는 코스모스의 청초한 분위기도 많이 사라지고 잎들도 퇴색하고 꽃잎도 성글어졌다. 그러나 꽃은 시들었어도 시인들이 읊은 코스모스의 이미지조차 잊을 것인가.

　　　돌아서며 돌아서며 연신 부딪치는
　　　물결 같은 그리움이었다.

　　　송두리째 희망도, 절망도,
　　　불타지 못하는 육신

　　　　　　　　　　　　　　— 이형기, 〈코스모스〉 중에서

　　아, 이국땅에서 맞는 또 한 번의 가을이 지나가는구나.

　　　　　　　　　　　　　　　　　　　　　　　(2000. 10.)

개러지 세일

나는 시간이 날 때면 이름 모르는 한적한 시골길을 드라이브하는 것을 좋아한다. 20여 년 전 이민 초기에 마음이 스산할 때면 아내와 아이들을 차에 태우고 길도 잘 모르면서 무작정 여기저기 돌아다니곤 했는데 아직도 그 습관이 남아서 그런지 모른다.

그렇게 목적지도 없이 드라이브하다가도 길옆에 '개러지 세일'(garage sale)이라는 팻말이 붙어 있으면 나는 갑자기 생기가 나서 차를 얼른 길가에 갖다 붙이고 내린다. 차를 몰고 앞만 보고 가다가 보면 자기도 모르게 빠지게 되는 하염없는 생각에서 벗어나서 생활의 장(場)으로 되돌아오는 길목이 되는 것이다.

북미에 사는 사람들에겐 친숙한 일이지만, 개러지 세일이란 날을 잡아 집 안에 있는 고물들을 꺼내 놓고 지나가는 사람들한테 헐

값에 파는 것이다. 요즈음은 직업적으로 개러지 세일을 하는 사람들이 많아 옛날보다 호기심이나 재미가 덜하지만, 오랜 세월을 지나는 동안 생활의 때가 덕지덕지 묻어 있는 낡은 물건들을 접하면 우리가 심각하게 걱정하는 많은 일이 사치스러운 일이 될 수 있다는 것을 느끼게 된다. 그것은 어느 날 갑자기 삶에 대한 회의를 느낄 때 시장바닥에 나가서 어쨌든 살아야 한다는 의욕들과 마주칠 때의 각성(覺醒)과 같다고 할까.

여하튼 나는 길을 가다 개러지 세일 안내 표지가 보이면 시간에 쫓기지 않는 한 기웃거린다. 그래서 우리 식구들이 교외로 드라이브를 하다가 개러지 세일 표지가 보이면 집사람이나 아이들은 "아이고, 아빠 저기 못 들어가시게 말려라" 하고 농담을 하곤 한다.

개러지 세일을 들어가 보면 참으로 자질구레한 여러 가지 물건이 있다. 때로는 얼마 전에 산 것 같은 조금도 쓰지 않은 새 물건들이 있기도 한데 그러한 물건은 개러지 세일을 찾는 의미를 반감시킨다.

오래되어 겉장이 너덜너덜하는 누렇게 변색된 책, 누군가가 여러 해 동안 정성스럽게 수집하다 놓아 버린 기념 숟가락들, 이제는 탈 사람이 없어진 자전거, 한때는 그 집 주부의 사랑과 아낌을 받았을 오래된 살림 도구들, 생기를 잃고 늘어져 있는 옷들……. 나는 그런 물건들을 들어서 찬찬히 살펴보고 쓰다듬어 본다. 그러고는 이제는 용도가 폐기된 이 물건들이 한때는 이 집안 식구들의 자랑거리였고 또 소중한 생활의 도구였던 시절을 상기(想起)한다.

　양로원에서 근무하는 어떤 분이 들려준 이야기에 따르면 노인들
이 갖고 있던 물건들을 줄일 때 다른 물건들은 주위 사람들에게 주
어 버린다든가 하여 손쉽게 정리하면서도 일생 동안 모은 앨범은
어떻게 처리할 수 없어 난처해하는 경우가 많다는 것이다. 젊은 시
절에는 경치 좋은 곳에 가서도 우선 '인증사진'부터 찍으려 하고, 특
별한 사건이나 사람들과의 의미 있는 만남이 있을 때도 사진으로 기
억해 놓으려는 것이 보통 사람들의 마음이다. 그러곤 생각이 날 때
마다 그 사진들이 정리된 앨범을 뒤적여 보며 흐뭇해하는 것이다.
　하지만 중년을 지나면서 언제부턴지도 모르게 사진을 찍는 열정
도 사라질뿐더러 앨범을 들춰 보는 기회도 드물어지게 된다. 그러
나 책장 한구석에 놓여 있는 앨범에 어쩌다 눈길이 갈 때면 그 앨범
속에 한창 시절의 삶의 족적이 '기록'으로 남아 있다는 사실만으로
위안이 되는 것이다.
　그러다가 노년이 되어 인생을 정리하는 시기에 와서는 그 앨범
조차 부담스러워진다고 한다. 자기에게는 소중한 앨범이지만, 자신
이 세상을 떠나면 결국 다른 사람들 손에 의해 버려지거나, 그렇지
않으면 다른 사람들에게 그 앨범을 어떻게 처리해야 할지 하는 난
처한 과제를 주게 된다는 사실을 깨닫게 되는 것이다. 여기까지 생
각이 미친 노인들은 자식들에게 괜히 그런 부담을 주지 않기 위해

서 몇 장의 특별한 사진만을 남기고는 태워 없애 버리기로 작정한다는 것이다. 나한테는 무엇보다 소중한 것이 다른 사람들한테는 전혀 중요한 일이 못 된다는 것을 이해하게 되는 것도 노년의 연륜과 함께 얻은 지혜라고 할 수 있다.

개러지 세일을 이야기하다가 왜 인생의 황혼기에 들어선 사람들의 이 에피소드가 떠올랐을까? 생각해 보면 우리는 자신에게도 그렇고 다른 사람들에게도 무가치한 여러 가지 맹목적인 일에 매달려 우리의 삶을 소진하는 경우가 많다. 다만 우리의 헛된 욕심과 어리석음 때문에 맹목적으로 그 일에 매달려 계속하고 있는 것이다. 그러다가 어느 날 갑자기 그것의 허상을 깨닫게 되거나, 아니면 뒤늦게 그 일의 용도가 폐기되었음을 깨닫게 되겠지만 그때는 우리의 소중한 인생에 주어진 시간이 이미 많이 흘러가 버린 뒤가 되는 것이다.

우리가 좀 더 삶의 본질을 통찰하는 예지(叡智)를 가질 수 있어서 헛된 욕심을 조절하고 마음을 비울 수 있다면 인생에서 우리의 도로(徒勞)는 얼마나 줄어들 것인가. 그렇지 못하다면 우리의 삶이 끝나고 난 뒤에 우리의 헛된 열정이 개러지 세일의 선반에 오른 물건처럼 연민의 대상이 되리라는 생각을 하게 된다.

요사이 나날이 색깔이 달라지고 있는 나뭇잎들을 바라보면 계절의 흐름은 가을의 절정으로 달리고 있는 느낌이다. 이럴 때, 어느 오후 바쁜 일상사를 제쳐 놓고 단풍이 든 숲을 멀리 바라보면서 개러지 세일이 벌어지고 있는 시골길을 드라이브하며 이런저런 생각을 할 수 있다면 추운 겨울을 앞에 둔 마음이 좀 더 여유로워지지 않을까.

(1999. 10.)

자전거를 타면서

내 주위 사람들은 거의 골프를 치거나 하이킹을 하는데, 내가 집 안에서 책이나 보면서 소일하는 게 마음에 걸렸는지 하루는 아들이 아빠도 무슨 운동이라도 하는 게 좋겠다고 말한 적이 있었다. 그때 나는 지나가는 말로 그럼 나는 자전거나 탈까 하는 이야기를 했던 것 같다. 그러고는 그 일을 잊고 있었는데, 어느 날 아들이 자기가 아르바이트로 일하는 곳에서 누가 쓰던 자전거를 팔려고 하는데 살까 하고 전화를 걸어 왔다.

옛날 자전거니까 모양은 없어도 아직도 잘 굴러갈뿐더러 값도 단돈 30불이라고 한다. 아무리 쓰던 것이라고는 하지만 무슨 자전거가 그렇게 싸냐고 했더니 파는 사람이 정말 자전거를 타고 싶어 하는 사람에게 주고 싶어서 그렇게 내놓았다고 한다. 그리고 자전거 핸들도 요즘 젊은 애들이 타는 쇠뿔처럼 구부러진 것이 아니고 일자로 된 구식 핸들이니 상체를 구부리지 않고 탈 수 있어 좋을 것이라는 말을 덧붙였다. 저녁때 끌고 온 자전거를 보니 요즈음 세상에 어느 구석에 이런 것이 박혀 있었나 싶을 정도의 아주 오래된 자전거로 옛날 내가 어렸을 때 타던 것하고 흡사했다.

한번 시운전을 하겠다고 했더니 아이들이 사뭇 걱정스러운 표정을 짓는다. 그러고는 자기들이 쓰던 자전거 헬멧과 장갑 등을 가지고 나와서 나를 완전히 무장시킨다. 그러고도 마음이 놓이지 않는지 자전거를 탈 때 알아야 할 여러 가지 주의사항을 일러준다. 하, 이 아이들이 자전거를 배울 때 내가 뒤에서 붙들어 준 것이 불과 얼마 전 일인 것 같은데 어느새 내가 아이들한테 보살핌을 받는 대상이 되었구나 하는 생각이 순간 들었다.

하도 오래간만에 자전거를 타보는 것이라 처음에는 우리 집 주차장을 빠져나가는데도 뒤뚱거렸는데, 곧 몸을 제대로 가누게 되자 이건 참 신나는 일이었다.

차들이 많이 다니는 길을 벗어나 조용한 뒷동네에 들어서자 집 앞에 잘 다듬어 놓은 잔디며 꽃밭이 그림처럼 아름답다. 모든 사람의 개성이 다른 것처럼 집집마다 분위기가 다 조금씩 다르다. 차를 타고 지나가면 너무 빠르고, 그렇다고 걸어가면서 남의 집을 자세히 살펴본다는 것은 수상한 행동으로 오해받을 수도 있다. 그런데 자전거를 타고 너무 빠르지도 너무 느리지도 않은 속도로 가노라면

이어지는 집들을 하나하나 자연스럽게 살펴볼 수 있다. 나무 그늘이 우거진 인도를 따라 자전거를 타고 가노라면 인도와 차도가 교차하는 곳마다 그 턱을 부드럽게 깎아 놓은 손길이 따뜻하게 느껴진다.

그렇게 자전거를 타면서 불현듯 우리가 살아가는 것도 자전거를 타는 것과 비슷하다는 생각이 들었다. 너무 멀리까지 바라보려거나, 너무 자주 뒤를 돌아보다가는 앞에 있는 장애물과 부딪히게 된다는 것, 그래서 그저 눈길이 쉽게 떨어지는 정도의 앞만 보면서 나아가야 한다는 것, 너무 빨리 가도 위험하지만 너무 천천히 가도 중심을 잃고 쓰러질 수 있다는 것, 또 편한 내리막길이 있으면 힘든 오르막길이 있고 반대로 힘든 오르막길이 있으면 그것을 보상할 쉬운 내리막길이 기다리고 있다는 것 등.

가파르고 힘든 언덕길을 오를 때도 몸을 좌우로 흔들면서 힘을 내다 보면 저절로 흥겨워진다. 조그마한 길들이 엇갈릴 때마다 그 어귀에 세워 놓은 길 이름들을 하나하나 읽어 본다. 크로커스(Crocus), 루핀(Lupin), 튤립(Tulip), 메이플라워(Mayflower)……. 그러고 보니 모두 꽃이나 나무 이름이다. 이렇게 거리의 이름들을 아름다운 꽃이나 나무의 이름으로 지은 사람을 만날 수 있게 되면 차라도 한잔 나누고 싶다.

이제 여름 해가 본격적으로 길어져서 저녁 8시가 되어도 밖이 아직도 훤하다. 어스름이 깔리기 시작하는 무렵에 자전거를 타고 주택가를 벗어나 송전탑이 늘어선 풀밭 길에 들어선다. 높다란 송전탑이 띄엄띄엄 한 줄로 늘어선 끝없이 넓은 들판은 보기만 해도 속이 시원하다. 풀밭을 달릴 때 바퀴가 지나는 곳마다 양쪽으로 갈라지는 풀을 내려다보면 내 마음은 소년처럼 즐거워진다.

　나는 요즈음 아침저녁으로 이렇게 30불짜리 고물 자전거를 타고 동네를 누비면서 사뭇 철학자 같은 거창한 질문을 되뇌곤 한다. "산다는 것은 무엇이며, 또 행복이란 무엇인가?"

(1998. 8.)

일레인 이야기

일레인 이야기

　일레인(Elain)은 내가 가르치는 한국어 과정에서 수년 전에 한국 말을 배운 캐나다 부인이다. 나는 그때도 역시 지금처럼 일주일에 한 번씩 워털루 대학에 출강해서 한국계 학생과 비한국계 학생이 반반 정도 섞여 있는 학급에서 한국어를 가르치고 있었다. 일레인이 처음 나한테 전화를 걸어 온 것은 신학기를 몇 주 앞둔 때가 아닌가 한다.

　신학기가 시작되기 몇 주 전이면 배우는 학생이나 가르치는 선생이나 '또 새로운 시작을 하는구나' 하고 긴장감이랄까 기대감이랄까 하는 것을 갖게 마련이다. 그런 가운데에 학교에서 사무적인 전화가 오기도 하고 학생들의 문의 전화가 오기도 하는 것이다.

　일레인의 전화는 그런 의례적인 전화 중의 하나였는데, 영국계

워털루 대학교 교정의 산책로.

억양이 짙은 그녀의 말을 들으면서 나는 그녀가 정중하고 의사 표
시가 분명한 사람이라는 걸 느낄 수 있었다. 그녀는 먼저 자신은 워
털루에서도 한참 떨어져 있는 조그마한 읍에 살고 있는 가정주부라
고 소개했다. 그리고 자기가 한국어를 배우고 싶어서 여기저기 수
소문한 끝에 워털루 대학에 한국어 과정이 새로 개설되었다는 것을
알게 되었다고 하면서 그 수업 전에 자기가 어떤 것을 미리 준비해
야 하는지 물었다. 그리고 자기처럼 나이가 많은 사람도 과연 새로
운 말을 배울 수 있겠는지 은근히 걱정된다고 하면서 내 의견을 물
었다.

  사실, 오랫동안 이런저런 상황 속에서 한국말을 제2언어로 가르
쳐 오면서 느낀 것은, 새로운 말을 가장 효과적으로 배우기 위해서

는 무엇보다도 학습자 자신이 그 말을 배우겠다는 확고하고 적극적인 자세가 가장 중요하다는 점이다. 더욱 단정적으로 이야기하면, 아주 예외적인 경우를 제외하곤 새로운 말을 배우는 기초 과정에서는 학생의 지적 능력이나 어학에 대한 소양 같은 것보다 말을 배우겠다는 진지한 태도와 열의가 그 결과를 좌우한다고 할 수 있다.

한국어를 배우겠다고 사방으로 알아보고, 또 이 한 과정을 위해 추운 겨울에 먼 곳에서 오겠다는 정성을 보니 한국어를 배우겠다는 그녀의 의지가 확고한 것이 아주 분명해서 나는 당신 같은 사람이면 물론 배울 수 있다고 크게 격려해 마지않았다.

그런데 나를 정말 놀라게 한 것은 내가 그녀에게 왜 한국어를 배우려고 하느냐고 물었을 때 그녀가 한 답변이었다. 일레인은 차분하게 자기가 한국말을 배우려고 하는 이유를 설명했다.

일레인과 그의 남편 사이에는 자식이 없어서 한국에서 아들을 입양해 왔다고 한다. 그러니까 그 아들 에릭(Eric)은 생후 5개월 되던 때에 한국의 생모를 떠나서 이 먼 캐나다로 와서 일레인 부부의 아들이 된 것이다. 그런데 이제 에릭이 일곱 살이 되고 보니 여러 가지 생각해 볼 점이 생겼는데, 그중의 하나가 그의 뿌리를 찾아 주어야겠다는 것이다.

에릭 역시 이곳에서 자라는 한국계 어린아이들처럼 학교에서 가끔 중국인이라고 놀림을 받는데, 집에 돌아와 그 이야기를 하고 속상해하는 아들에게 일레인은 '나는 중국 사람이 아니고 한국 사람'

이라고 대꾸하라고 일러준다는 것이다. 나는 일레인의 그 처방이 이런 경우에 얼마나 타당한가 하는 문제는 제쳐 놓고, 그녀의 처방이 여기 사는 다른 한국 부모들과 같은 데 한편 놀라면서도 마음이 아팠다.

어쨌든 일레인은 아들을 뿌리를 가진 당당한 인간으로 키우기 위해 그에게 한국말을 가르쳐야겠다고 생각했다는 것이다. 그녀는 "나는 내 아들이 뿌리도 없이 이리저리 굴러다니는 인간으로 대접받는 것을 참을 수가 없어요" 하고 단호하게 이야기했다.

그런데 문제는 에릭이 어려서 대학의 정규 과목으로 실시되는 한국어 과정을 수강할 자격이 없다는 데 있었다. 그래서 궁리 끝에 일레인 자신이 아들 대신에 대학에 와서 한국어를 배워 아들을 가르치기로 했다는 것이다.

나는 그동안 한국말을 배우는 여러 가지 이유를 들었지만 이런 경우는 처음이었다. 그리고 그 양아들을 생각하는 그녀의 깊은 마음에 감동하지 않을 수 없었다. 나는 "야, 이런 사람도 다 있구나!" 하고 놀랐지만, 그 놀람을 겉으로 표현하지 않으려고 애를 썼다. 나 같은 평범한 사람으로는 인종과 문화가 다른 먼 나라에서 아이들을 데려와서 입양하는 사람들의 경지를 이해한다는 것만도 참 힘든 일인데, 그녀가 입양한 자식을 위해 그토록 애를 쓰는 것을 보니 말을 잃을 지경이었다. 나는 속으로 뜨끔하면서 내가 그동안 접촉해 왔던 한국인 부모 중 왜 한국말을 애써 가르쳐야 하는지 하고 의아해하던 사람들을 생각하면서 얼굴을 붉히지 않을 수 없었다.

이러한 일레인이 그 학기 한국어 과정을 아주 좋은 성적으로 마친 것은 지극히 당연한 일인지도 모른다. 두 개의 대학에서 두 개의 학사 과정을 하고 지리학으로 석사 과정까지 마친 그녀는 정부 기관과 교육청에서 근무했다고 하는데, 한창 젊은 학생들과 어깨를 맞대고 공부하면서 감각이나 판단력에서 조금도 뒤지지 않았다. 그녀는 말을 배우는 데 필수적인 예습과 복습을 철저히 했으며, 무엇보다도 자기 아들의 모국인 한국과 한국 문화를 배우겠다는 열의에 차 있었다. 일레인이 한국어 과정을 이수하는 동안 그녀의 남편은 아들 에릭을 데리고 와서 일레인을 기다렸고, 수업이 끝나면 우리는 같이 구내식당에 가서 이야기를 나누곤 했다.

일레인의 남편은 프랑스계 캐나다 사람인데, 사색적인 인상을 주는 기술자였다. 일레인은 자기는 영국계, 남편은 프랑스계, 아들은 한국계라서 자기 가정이야말로 캐나다의 대표적인 복합문화주의 가정이라고 농담하고는 했다. 어느 날은 에릭을 데리고 한국을 여행하면서 찍은 사진들을 가져와서 보여 주었는데 그 속에는 에릭이 한복을 입고 자랑스러운 표정으로 찍은 모습도 있었다. 그런 시간에 저의 엄마와 아빠가 선생님한테 한국말로 인사하라고 하면 수줍어서 아버지 다리에 매달려 고개를 내밀곤 하던 에릭을 보면서 어느 친부모 밑에서도 저보다 행복하지 않으리라는 생각도 했다.

일레인이 한국어 과정을 마치고 난 뒤, 그녀는 나와 내 아내를 자기 집으로 초대했다. 그녀는 이 기회를 이용해서 자기처럼 한국계 아이를 양자나 양녀로 삼은 캐나다 가정 중에서 자기와 가까이 지내는 몇 집을 초대하려고 한다는 이야기도 덧붙였다. 우리가 토론토에서 두어 시간 달려 그 시골 동네에 도착하자 내가 길눈이 어둡고 사람을 잘 기억하지 못한다는 것을 잘 아는 일레인은 화살표를 그린 안내 팻말들을 큰길에서부터 자기 집 앞까지 붙여 두었다. 그런데 그 화살표를 그린 팻말마다 "안녕하세요!", "안녕하세요!" 하고 한눈에 알아볼 수 있는 일레인의 낯익은 한글 글씨로 크게 쓰여 있었다. 한 획 한 획 정성을 들여 쓴 그 글씨가 한 자 한 자 또박또박 끊어서 소리를 내는 일레인의 한국말 발음을 연상시켜 나는 미소를 지었다. 나한테는 그보다 더한 환영의 표현이 있을 수 없다고 생각했다.

그날은 일레인이 아들을 위해 준비한 한국 문화 행사의 날 같았다. 일레인이 그동안 배운 한국 음식을 선보였고, 우리가 한국 식품점에서 사서 가지고 간 김치와 고추장이 곁들여졌다. 아이들은 음식을 먹고 준비된 순서에 따라 동네 수영장에 가서 수영을 하며 물장난을 즐기고, 어른들은 물가에서 아이들이 노는 것을 보며 이야기를 나누었다. 수영장 놀이가 그날 프로그램에 들어 있었던 것은, 에릭이 수영을 아주 좋아할뿐더러 학교의 수영 대표선수가 될 만큼 잘했기 때문이었던 것 같았다.

그러고는 벌써 수년이 지났다. 그동안 가끔 일레인은 학교로 나를 만나러 오기도 하고 전화도 하면서, 그간 에릭에 관계된 명암이 엇갈리는 이야기를 들려주곤 했다. 지난 주일에도 수업을 끝마치고 낙엽이 지는 교정을 걸어 나오는데 일레인이 나타나 자기 친정아버지가 담갔다는 포도주 한 병을 맛보라고 주고는 잠시 아들 이야기를 나누다가 돌아갔다. 학생들을 가르치면서 항상 많은 것을 배우지만, 일레인한테는 내가 가르친 것보다 내가 배운 것이 더 많았나는 생각을 하게 된다.

(1995. 11.: 2003-2010 국정 국어 교과서 중학교 3-1 수록)

이발사 프랭크

지난 10여 년 동안 단골로 다니던 프랭크(Frank)의 이발소가 두 주 전에 문을 닫았다. 이발소는 늘 다니는 큰길 옆에 있어 차를 타고 지나갈 때면 쉽게 눈길이 가곤 했다. 며칠 동안 계속해서 문이 닫힌 것을 보고 웬일인가 하고 궁금해하다가 지난 주말에는 이발소 문에 무슨 쪽지가 붙어 있는 것 같아 차를 몰고 주차장으로 들어섰다.

공책만 한 크기의 누런 종이에는 프랭크의 필적으로, "프랭크의 이발소는 이제 문을 영 닫습니다. 그동안 저의 이발소를 이용해 주신 분들께 심심한 감사를 드립니다. 프랭크 올림"이라고 쓰여 있었다. 그가 이런저런 안내문을 이발소에 안팎에 써 붙이곤 해서 나는 그의 필적이 눈에 익었다. 발음 나는 대로 쓴 영어 철자도 그렇고, 문을 '영' 닫는다는 뜻으로 쓴 'for good'이라는 표현도 프랭크가 항상 쓰던 말투여서 그가 이야기하는 모습이 떠올랐다.

왜 갑자기 문을 닫게 되었을까? 불과 두어 주일 전에 내가 이발을 할 때도 그는 전혀 그런 기색이 없었다. 지난 연말 허리가 아파서 며칠 문을 열지 못한 적이 있었는데 이번에 그것이 심해졌는가.

이제는 프랭크의 이발소가 있던 앞을 지나가도 그쪽으로 잘 쳐다보지 않는다. 어쩌다 그쪽으로 눈길이 갈 때도 아직 이발소 간판은 걸려 있지만 차양이 내려지고 임대를 알리는 표지판이 붙어 있는 상점 모습은 썰렁하기만 하다. 전에는 지나가다 쳐다보면 창문을 통해서 손님의 머리를 깎고 있는 프랭크와 긴 의자에 나란히 앉아서 차례를 기다리는 사람들의 모습이 그림처럼 정겨웠다.

내가 이 동네에 이사와 그 이발소에 처음 갔을 때는 프랭크가 아닌 다른 사람이 운영하고 있었는데 그때는 손님이 그다지 많지 않았다. 그런데 프랭크가 이발소를 인수하자 손님이 자꾸 늘기 시작해서 머리를 깎으러 가면 항상 기다려야 했다. 프랭크가 또박또박한 글씨로 알림 글을 써서 거울 위에 붙인 것이 그때가 처음이었던 것 같다. "자리를 뜨면 자기 차례를 잃게 됩니다."(If you leave, you lose your turn.) 하는 글을 볼 때마다 어쩐지 어린애 같은 장난스러운 면이 느껴져서 미소를 짓곤 했다. 그는 그 뒤에도 몇 주일 후에 미국에 있는 아들네 집에 가기 때문에 며칠 동안 휴업하니 이해해 달라는 등의 안내 글을 붙이곤 했다.

동네 이발소가 대개 그렇듯이 이발용 의자는 두세 개 있었지만 이발사는 프랭크 한 사람뿐이었다. 프랭크는 이탈리아에서 온 이민자로 나이는 60대 초반으로 보였는데, 조용하고 차분한 인상을 풍기는 사람이었다. 그가 손님들의 머리를 깎는 모습을 보면 한 사람 한 사람의 머리를 온 정성을 다해 깎는다는 느낌을 받았다. 그런 그의 태도는 사람이 많으나 적으나 변함이 없었다. 사람들이 많이 기다리고 있을 때는 좀 빨리 깎을 만한데도 그는 전혀 서두르는 법이 없었다. 그리고 여전히 머리를 깎는 사람과 이런저런 이야기를 조용조용하게 나누는 것이었다.

그는 잘 웃지 않는 사람이었으나 가끔 수줍은 미소를 짓곤 했다. 주인이 조용하고 온화해서 그런지 그 이발소에서 큰 소리로 떠드는 사람을 보지 못한 것 같다. 그래서 누가 큰 소리로 이야기하면 이상하게 보일 정도였다. 이발소에 온 모든 손님은 착한 초등학교 학생처럼 얌전하게 앉아 앞에 놓인 잡지나 신문을 읽으면서 기다렸다. 그러다가 프랭크가 눈짓을 하면 한 사람씩 앞으로 나가 의자에 앉는 것이었다.

나는 될 수 있는 대로 사람들이 좀 적은 시간대를 골라 이발소에 가려 했지만 그래도 대개 한두 명은 대기하고 있었다. 머리를 깎으면서 프랭크와 나는 이런저런 이야기를 많이 나누었다. 우리 아이들도 프랭크가 참 친절하고 겸손한 사람이라고 프랭크의 이발소에서 머리를 깎았다. 우리는 이미 다 성장한 자식들을 둔 사람들이지만 아이들을 키우는 이야기도 많이 했다. 그는 이탈리아 시골의 아주 가난한 가정에서 태어나서 어린 시절에 이발 기술을 배워 자기 고향에서도 이발사로 일했다고 한다. 그러다가 젊을 때 캐나다에 이민을 와서 계속해서 이발사를 하면서 자식들 교육을 다 뒷바라지했다고 한다. 그리고 일찌감치 시집 장가까지 다 보내고 이세는 시외에 있는 조그만 집에서 부인과 둘이 살고 있다고 했다.

그는 손자 손녀들의 사진들을 화장대 위에 가지런히 세워 놓고 손님들이 물어볼 때마다 하나하나 짚어 가며 설명하면서 흐뭇한 표정을 지었다. 그러나 자기 자식들의 생활 태도는 썩 마음에 들지 않는 모양이었다. 특히 자기는 평생을 아주 기본적인 의식주 외에는 돈을 쓰지 않고 살아왔는데, 자식들은 훗날을 대비해서 저축하지 않고 그저 편리하다고 쓸데없이 돈을 쓰는 것을 보면 참 이해할 수 없다고 했다. "그러나, 어쩌겠어요, 그 아이들은 나와는 다른 길을 걸어왔고, 또 나와는 다른 세상에 살고 있는 것 같으니……. 말하자면, '캐나다식'으로 사니까 내가 뭐라고 하겠어요?" 하고 그가 말할 때는 오랜 세월 변화에 잘 적응하며 살아온 사람의 인내와 지혜가 느껴졌다.

내 차례가 되어 마침 뒤에 기다리는 사람이 없이 그와 한가하게 이런저런 이야기를 나눌 때는 맑은 햇살이 이발소 안을 더없이 아늑하게 만들었다. 어떤 때는 이발소 안의 정일(靜逸)하고 평화로운 분위기에 젖어 순간적으로 나도 '세빌리아'는 아니라도 동네 이발사로 평생을 살 수 있지 않았을까 하는 생각이 들 적도 있었다.

　오늘도 나는 프랭크의 옛 이발소 앞을 지나오면서 그가 지금 어떻게 지내는지가 궁금했다. 설마 몸이 아파서 병상에 누워 있는 것은 아니겠지. 아무쪼록 교외에 있다는 그의 집 현관에 흔들의자를 내어놓고 늙은 아내와 함께 나란히 앉아 지난 세월을 회상하며 그의 품성처럼 평화로운 말년(末年)을 보내고 있기를 바랄 뿐이다.

(2000. 4.)

베티와 벤

어느새 10여 년 전 일이 되었는데, 우리가 이 동네에 처음 이사 와서 얼마 되지 않아 우연한 기회에 개를 한 마리 얻어 키우게 되었다. 나는 가끔 개를 데리고 운동 삼아 동네를 한 바퀴 돌고는 했는데, 개가 워낙 힘이 좋아 산책할 때면 내가 개를 끌고 가는 게 아니라 개가 나를 끌고 가는 우스운 형상이 벌어지곤 했다.

하루는 개를 데리고 하는 산책을 마치고 집에 돌아온 지 몇 분 되지 않았는데 문을 두드리는 소리가 나기에 내다보니 처음 보는 백인 아주머니가 서 있었다. 그녀는 소박한 미소를 지으며 자기 이름은 베티이고 우리 집 다음다음 집에 산다고 하면서, 먼저 우리 개가 참 잘 생겼다는 칭찬부터 시작했다.

그리고 자기도 몇 년 전에 우리 개와 같은 독일 셰퍼드를 기른

적이 있는데, 셰퍼드처럼 힘이 센 개를 끌고 다니려면 '초크 체인'이 필요하다면서 불쑥 쇠로 된 줄을 하나 내밀었다. 나는 그때까지 '초크 체인'이 무엇인지 몰랐는데, 그것은 개가 제멋대로 가려고 하면 저절로 줄이 당겨져 개를 통제하는 목걸이였다.

나는 그동안 아파트에서만 살아서 그런 사정을 잘 알 수 없었지만, 단독주택들이 모인 동네에 들어가 살고 있는 사람들한테서 들은 이야기로는 서양 사람들은 워낙 개인주의적이고 가족 중심적이라서 이웃에서 수년을 살면서도 서로 모르고 지내는 경우가 많다는 이야기를 자주 들었다. 그 때문에 베티가 이렇게 먼저 찾아와서 인사를 하고 친절하게 호의를 베푸는 것이 정말 고마웠다. 그래서 낯선 동네에 이사 와서 서먹서먹하던 기분이 싹 사라지고 동네 전체가 갑자기 따뜻해지는 느낌이 들었다.

우리는 그때부터 서로 지나치면서 인사를 나누는 사이가 되었는데, 베티는 언제 보아도 편안한 느낌을 주는 사람이었고 또 부지런한 사람이어서 자기 집 주위에서 잔디를 깎든가 청소를 하든가 아니면 다른 무슨 일인가를 항상 하고 있었다. 남편은 내가 마주친 적은 없으나 집 안에 주로 있는 것 같았다.

내가 버스를 타러 갈 때나 또 버스에서 내려서 집으로 오는 길엔 항상 베티의 집 앞을 지나야 했다. 그 때문에 나와 베티는 그녀의 집 앞에서 마주칠 때가 많아 길바닥에서 서서 잠깐씩 이런저런 이야기를 나누곤 했다.

베티는 50대 후반이나 60대 초반으로 보였는데, 표현이 분명하고 항상 생기 있는 느낌을 주는 사람, 말하자면 중년을 넘기고도 오랫동안 늙었다는 느낌이 들지 않는 그런 사람이었다.

우리 이웃집들이 대개 그렇듯이 베티의 거실도 작은 잔디밭을 앞에 두고 길을 향하고 있었고, 커튼을 조금 열어 놓은 거실 한편에는 테이블이 놓여 있었다. 그 집 앞을 지나나 어쩌다 그쪽으로 바라보면 테이블 주변이나 그 뒤쪽에 있는 부엌에서 일하던 베티가 얼른 알아보고 손을 흔들곤 했다.

연말이 되면 매년 베티는 누구보다도 먼저 우리 집사람과 내 앞으로 크리스마스카드를 보냈는데, 카드에 나타나 있는 '베티와 벤'(Betty & Ben)이라는 서명으로 나는 베티의 남편 이름이 벤이라는 것도 알게 되었다.

그러니까 2년 전 연말이었다. 나는 모처럼 내가 먼저 베티에게 크리스마스카드를 보내기로 하고 12월이 들어서자 일찌감치 카드를 부쳤다. 그리고 크리스마스 무렵이 되어 받아 본 카드 중에는 베티의 집에서 온 카드가 있었다. 그러나 그것은 베티가 보낸 것이 아니라 내가 한 번도 본 적이 없는 베티의 딸에게서 온 것이었다. 그녀는 카드를 보내 주어서 고맙다는 말과 자기 엄마는 지금 많이 아파서 병원에 입원해 있다는 짤막한 사연을 적어 두었다.

그 소식을 듣고 나는 베티에게 문병을 한번 가야겠다고 생각했지만, 그때 마침 한국에서 열리는 학회에 갑작스럽게 참석하게 되어 그 준비 때문에 마음이 바빠 시간을 내지 못했다. 그리고 한국에 갔다 와서 두어 주일 후에야, 그때까지도 내가 베티를 볼 수 없었다는 것을 상기하고 처음으로 베티의 집을 찾아갔다.

내가 베티의 집 현관을 두드리고 나서 한참 뒤에야 문을 열어 준 사람은 어깨가 구부러진 늙수그레한 남자였다. 나는 이웃집에 사는 사람이라고 인사를 하고 베티가 아프다고 들었는데 지금 좀 어떤지 알고 싶어 왔다고 말했다. 그는 나를 보자 갑작스럽게 눈자위가 붉어지는 듯했는데, 자기가 베티의 남편이라고 말하면서 나를 보고 고개를 끄덕였다.

그리고는 쉬어서 가라앉은 낮은 목소리로 짤막하게 베티가 병원에서 수술을 했지만 집에 돌아와 죽었다고 말했다. 그는 그 말을 채 마치기도 전에 눈물을 흘리기 시작했는데 그러면서도 다음과 같은 말을 띄엄띄엄 이어 나갔다.

베티는 폐암으로 병원에서 수술을 했으나 그때는 이미 너무 늦었다는 것, 수술 후에 집에 돌아와 산소 호흡기로 얼마 동안 연명했으나 베티가 산소 호흡기 사용을 거부해서 곧 세상을 떠났다는 것이다. 그리고 자기는 다리가 불편한 사람이라 주로 거실에 앉아 밖을 내다보고 있기 때문에 내가 지나가면서 손을 흔드는 것을 보아서 나는 자기를 잘 모르겠지만 자기는 나를 잘 안다고 말했다.

내가 베티는 사려 깊고 누구에게나 친절한 사람이었으며, 집 주변에서 항상 일하는 부지런한 사람이었다고 하며 말끝을 흐리자 그는 감정을 가누기 어려운지 천정을 바라보며 고개를 끄덕였다. 그는 자신은 거동이 불편해서 집안일을 하지 못했는데 베티는 잔디 깎는 일부터 집안 여기저기 페인트칠하는 일까지 때를 놓치지 않고 부지런히 했었다고 하면서, 지금 생각해 보면 베티가 나중엔 몸도 불편했을 텐데도 불평 한번 하지 않았다는 말도 덧붙였다.

꾸부정하긴 해도 키가 큰 그는 나를 내려다보면서 이야기하고 있었는데, 이야기하면서도 계속해서 흐르는 눈물 때문에 말을 중단하곤 했다. 나는 베티가 그렇게 허망하게 갔다는 게 믿기지 않았다. 또한 아내를 잃은 슬픔을 가누지 못하는 베티의 남편을 보고 더 이상 할 말이 떠오르지 않아 몇 마디 더하지 못하고 그 자리를 물러나왔다.

그는 밖으로 따라 나오면서 현관 앞에 세워 놓은 자기 차의 번호판을 가리키며 자기 이름이 바로 벤이라고 말했다. 그 번호판은 특별히 주문한 것으로 베티와 벤의 이름 중 앞머리 여섯 자를 모은 'BETBEN'으로 시작되는 번호판이었다. 그 번호판을 물끄러미 바라보는 벤의 두 눈에 눈물이 가득했다.

베티가 죽은 뒤에 혼자 살고 있는 벤이 가끔 밖으로 나와 불편한 몸을 이끌고 집 주변을 청소하는 것이 눈에 띄긴 했으나 베티의 집은 급속히 황폐해져 갔다. 나는 베티가 살아 있을 때 그의 집이 대단히 깨끗하고 아담한 집이라고 생각했는데 그가 죽은 지 얼마 되지

베티의 집.

않아 잔디밭에 흙이 드러나고 집의 외벽 이곳저곳에서 페인트가 벗겨지는 것을 보면서 그 집이 사실은 상당히 낡은 집이었다는 것과 애정을 가지고 집을 가꾸던 한 사람이 사라짐으로써 이렇게 달라질 수 있다는 것을 새삼스럽게 느꼈다.

그리고 놀라운 일은 아내가 죽고 난 뒤 혼자서 적막하게 살던 벤이 수개월 후에 심장마비로 죽었다는 사실이다. 베티가 죽은 뒤에 저녁에 그 집 앞을 지나다 보면 희미한 불빛 아래서 베티의 남편 벤이 혼자 테이블에 앉아 식사하던 것을 볼 수 있었는데 그것은 너무 쓸쓸한 모습이었다. 아마 그 고독감이 그로 하여금 불과 몇 달 만에 아내를 따라 저세상으로 가게 하지 않았나 하는 생각이 들었다. 베티와 벤이 죽고 난 뒤 얼마 되지 않아 그 집에는 매물 간판이 붙었고

싼 가격으로 내놓았는지 금방 매매가 성립되었다.

베티와 벤이 이 동네에서 살았다는 흔적이 사라진 지도 이젠 2년이 다 되어 간다. 어쩌다 어스름한 저녁 무렵에 그 집을 지나다가, 이제는 젊은 친구들이 입주해서 매일 파티를 하는지 왁자지껄한 그 집을 바라보면서 나는 베티와 벤을 떠올린다. 그러면서 우리가 오늘 살고 있다는 것의 의미가 무엇인가 생각해 보곤 한다.

(1997. 4.)

사라진 래리

　래리(Larry)는 내가 30여 년 전에 알고 지내던 서양 친구다. 친구라고 말했지만 같이 놀러 다닌 적도 없고, 마주 앉아 환담을 나눈적도 별로 없는 것 같다. 그 무렵 나는 대학원에서 학위 과정을 하면서, 아내와 토론토 시내에서 조그마한 선물 가게를 하고 있었기 때문에 말 그대로 정신없이 바쁜 생활을 하고 있었다. 래리는 가게 근처에서 혼자 살고 있었는데 주로 담배를 사러 오는 고객 중의 한 명이었다.

　우리 가게는 토론토의 중심에서 약간 서쪽으로 뻗어 나간 이탈리아 사람들과 포르투갈 사람들이 많이 사는 지역에 있었다. 우리가게는 포르투갈 사람이 하던 것을 인수했기 때문에 일반적인 편의점과는 성격이 좀 달랐다. 길거리에서 가게를 들여다보면 크고 작은 석고 조각상들도 진열되어 있는데 안에 들어오면 편의점과 별로 다를 바가 없어 선물 가게와 편의점을 합쳐 놓은 것 같았다.

래리는 40대 후반쯤 되어 보였고, 키가 후리후리하고 몸매가 날렵했다. 블루진을 입은 그가 우리 가게 앞의 큰길을 성큼성큼 건너가는 모습을 보면 서부 영화에 나오는 카우보이 같은 느낌을 주었는데, 그의 중후한 인상 때문에 나는 전설적인 미국 영화배우 게리 쿠퍼(Gary Cooper)를 연상하곤 했다. 그는 직업이 없었지만 혼자 사는 데는 지장이 없는 것처럼 보여 어떤 이유로 해서 정부의 생활 보조금이나 연금을 받는 것이 아닌가 하는 생각이 들었다.

그는 거의 매일 우리 가게에 들러 담배를 사고는 카운터 주변에 서서 나와 이런저런 이야기를 나누며 시간을 보내곤 했다. 가게에 자주 오는 고객들이 래리가 우리 가게와 무슨 관계가 있지 않나 하는 생각을 할 정도로 그는 우리 가게를 자주 드나들었다. 실제로 그는 가끔 가게 선반을 고친다든가 상품을 진열하는 일들을 거들어 주기도 했다.

그의 조상은 폴란드계라고 했는데, 나는 그의 과거에 대해 묻지도 않았고, 그 역시 자신의 개인적인 문제에 대해선 별로 이야기한 적이 없었다. 래리는 지적인 풍모에 매너도 점잖아서 그에게 호감을 갖는 이웃 사람들이 꽤 많은 것 같았다.

내가 바깥일 때문에 외출했다 돌아오면 래리는 가게 카운터 옆에 서 있거나 가게 뒤쪽에서 서성거리고 있을 때가 많아, 나는 흡사

가족 중 한 명을 보는 느낌이었다. 그는 나를 보면 씩 웃으며 반갑다는 내색을 했고, 나도 매일 보는 식구를 대하듯 "하이, 래리!" 한마디 하고는 아내에게 가게 카운터를 인계받거나, 가게를 정리하곤 했다. 그럴 때의 래리의 존재는 정말 자연스러워서 그가 가게에 있다는 것이 전혀 신경 쓰이는 일이 아니었다. 어쩌다 이틀 정도만 그가 보이지 않아도 나와 아내는 "래리가 어디 갔나? 혹시 아픈가?" 하고 궁금해했다.

그는 학교 공부와 가게 일을 쉴 새 없이 번갈아 하는 나를 보고 "당신은 정말 열심히 일하네요!"라고 말하곤 했지만, 그의 안쓰러워 하는 눈빛을 보면 그의 말이 "당신, 너무 지나치게 일하는 것 아닌가요?" 하는 소리로 들렸다.

우리 가족은 2년 남짓 가게를 운영하다가 가게를 그만두고 시내에서 좀 떨어진 지역에 조그마한 집으로 이사를 하게 되었다. 새로 이사한 집을 수리할 일이 생겼을 때도 나는 래리에게 전화로 의논하곤 했는데, 얼마 동안은 그가 지하철과 버스를 바꿔 타고 찾아와서 한나절씩 집수리하는 일을 도와주었다.

그러던 어느 날, 나는 우리 집에서 저녁 식사를 같이 하자고 그를 초대한 일이 있었다. 나와 아내는 래리가 좋아하는 한국식 불고기와 스파게티를 준비하고 기다리고 있었는데, 약속 시간이 한참 지나도 그가 나타나지 않았다. 그동안 래리가 약속을 지키지 않은 적이 한 번도 없어서 나는 걱정이 되어 전화를 걸었다.

그는 난감한 음성으로 피치 못할 일이 생겨서 못 갔다고 하면서 정말 미안하다고 말했다. 나는 미리 전화도 하지 못한 걸 보면 급한 일이 갑자기 생겼나 보다 하고 다만 무슨 큰일이 아니기를 바랐다. 그리고 얼마간의 시간이 흐른 뒤 어떻게 지내나 하고 다시 한두 번 연락해 보았는데 전화 연결이 되지 않았다.

나는 그의 신변에 무슨 변화가 생겼구나 하고 더 이상 연락을 취하지 않고 그에게서 연락이 오기를 기다렸다. 그리고 일이 년이 지난 어느 날, 나는 정말 우연히 그를 시내에서 마주쳤다. 우리는 길가 카페에 들어가 커피를 마시며 이런저런 이야기를 나누고 내 차로 그가 살고 있다는 아파트 앞에 가서 내려 주었다.

그리고 또 수년의 세월이 흘렀다. 나는 가끔 그를 떠올렸고 그가 어떻게 지내고 있을까 하고 막연하게 생각하면서 서서히 그와 연락이 끊어졌다. 그러나 나는 선물 가게를 하던 어려운 시절을 생각할 때마다 그가 생각났고, 우연히 상점을 하던 거리를 지나가다 보면 그의 모습이 어른거렸다. 나는 더 늦기 전에 그를 한번 만나고 싶었다. 그래서 언젠가 그를 내려 주었던 아파트를 찾아가 경비실에서 수소문했으나 이미 그를 기억하는 사람은 없었다.

그러던 어느 날, 차를 몰고 시내를 지나가는데 행인들 속에서 그의 모습을 본 것 같았다. 나는 황급히 차를 길가에 세우고 멀리 가는 그의 뒷모습을 보면서 뒤쫓아 갔다. 그는 마침 길옆에 있는 과일가게로 들어가고 있었다. 나는 급히 길을 건너 그 가게로 들어섰다. 그는 허리를 굽혀 과일을 고르고 있었다.

나는 나지막하게 "래리!" 하고 불렀다. 마침 가게에는 다른 사람들이 없어 그는 내가 부르는 소리를 듣고 돌아보았다. 아아, 그는 래리가 아니었다. 그러나 놀랄 만큼 래리와 닮은 사람이었다. 후리후리한 키, 움푹 들어간 눈, 그 사람은 손가락으로 자신을 가리키며 미소를 띤 얼굴로, "나를……" 하고 물었다. 나는 "아, 아닙니다. 다른 사람으로 착각했습니다. 미안합니다" 하고 말하며 물러섰다. 그는 래리처럼 다정한 미소를 지으며 손을 흔들었다.

무심한 세월이 흘러 이제 래리와의 추억도 아득한 옛일이 되었다. 며칠 전에도 아내와 옛날 우리가 가게를 하던 일을 이야기하다가 다시 래리가 생각났다. "래리는 지금 어디에 있을까?" 하는 나의 물음에 아내는 전에 내가 하던 말을 되풀이했다. "나이를 생각하면 어쩌면 이 세상 사람이 아닐 것 같은 생각이 드네……."

우리는 살아가면서 여러 사람을 만난다. 어떤 사람들은 그냥 스쳐 지나가고, 어떤 사람들은 오래 기억에 남는다. 래리는 내 기억에 오래 남은 사람이다. 그 당시에 내가 처한 상황 때문인지, 래리가 지녔던 특별한 품성과 다정한 느낌 때문인지, 오랜 시간이 지난 지금도 그가 불현듯 생각날 때가 있다.

늦은 나이에 공부한다고 학교를 왔다 갔다 하고, 한편으로는 가게를 한다고 동분서주하면서 생활의 균형을 잡기 어려워 혼란스러웠던 나에게, 래리는 세속적으로 봐선 아무것도 가진 것이 없었지만, 평범한 일상 속에서 놀랄 만한 평정심을 가지고 항상 미소를 보여 주던 사람이었다.

많은 세월이 흘렀지만, 이렇게 녹음이 짙어진 아름다운 계절에 그를 다시 만나 커피 한 잔을 놓고 마주 앉을 수 있다면 얼마나 좋을까.

(2020. 7.)

길거리의 이웃들

나는 언제나처럼 지하철 플랫폼으로 연결되는 계단을 올라가서 마침 정차해 있는 전철을 보고 얼른 들어갔다. 어쩐지 전철 안이 좀 어둡다 싶었더니 전철 내의 모든 전등이 꺼져 있을뿐더러 전철의 동력도 꺼져 있었다. 그제야 어두컴컴한 전철 안을 둘러보니 여기저기 몇 사람이 앉아 있다. 무슨 안내 방송이 있었는지 사람들은 태연하다.

나도 좀 있으면 움직이겠지 하며 자리를 잡고 앉았다. 몇 분 기다리니 마침 안내 방송이 나온다. 이 전철역과 두어 정거장 앞에 있는 역 사이에서 문제가 생겼으니 좀 더 기다려 달라는 것이다. 그러나 급한 사람은 지하철 안 버스정류장으로 도로 내려가면 셔틀버스가 기다리고 있으니 그 버스로 두 정거장만 가면 거기서부터는 다시

지하철로 시내로 나갈 수 있다고 안내를 한다. 그리고 지금 저쪽 역에서는 열심히 복구 작업을 하고 있으니 버스를 타려고 왔다 갔다 하는 시간이나 여기서 기다리는 시간이나 비슷하지 않을까 한다는 친절한 말도 덧붙였다. 길이 막혀 마음이 급한 사람들도 많을 텐데 안내 방송에서 그런 사람들을 상대로 자기 생각까지 덧붙이는 것이 여유롭다.

그러나 한참을 기다려도 전철이 다시 움직이는 기색이 없더니 마침내 안내 방송이 다시 나오면서 원상회복에 예상했던 것보다 많은 시간이 걸릴 것 같다고 하면서 승객들에게 전부 하차하라고 한다. 참을성 있게 기다리던 사람들도 그제야, "빨리 안 될 것 같으면 미리 이야기할 것이지", "전철에 그렇게 많은 세금을 쏟아부으면서 걸핏하면 고장인가!" 하고 한마디씩 하면서 내린다.

그러나 모두 어쩔 수 없이 한꺼번에 우르르 셔틀버스가 있다는 쪽으로 몰려간다. 뒤따라가다 보니 버스정류장으로 내려가는 계단에도 이미 사람들이 넘친다. 이러다가 강의 시간에 늦는 것 아닌가. 나는 순간적으로 궁리를 했다. '그렇지! 택시를 타고 두 정거장 가자.' 얼른 버스 타는 대열에서 빠져나와 택시 타는 곳으로 내려갔다.

이런, 보통 때 같으면 줄을 지어 기다리던 택시들이 하나도 없다. 급한 사람들은 일찌감치 나와 택시를 타고 간 모양이다. 오늘따라 바람은 왜 이렇게 싸늘한가. 한참을 기다리니까 택시 한 대가 들어와 막 타려는 순간 아까부터 옆에서 핸드폰으로 상대편에게 자기가 늦는 사연을 설명하던 흑인 아가씨가 어디까지 가느냐고 묻는다. 그러고는 자기도 같이 타면 안 되겠냐고 부탁한다. 마다할 이유가 없다. 그러자 그때 막 택시 정류장에 내려온 노부부도 같이 타고 싶다고 한다. 캐나다에서 택시를 합승하기는 처음이다. 운전수 옆자리에는 아가씨가 타고 뒷좌석에는 나와 노부부가 앉았다.

앞에 앉은 흑인 아가씨는 깔끔하고 쾌활해 보인다. 똘똘한 인상이 무슨 법률사무소 같은 데서 일하는 사무원 같은 느낌을 준다. 이 아가씨는 이제 택시를 탔으니 안심이 되는지 계속해서 이런저런 이야기를 한다.

이런 상황에서 모두 뚱하게 침묵을 지킨다면 얼마나 어색할 것인가. 지하철 본부가 이런 사고가 날 것에 대해서 충분한 대책을 세우지 않고 있는 것 같다고 점잖게 비평하고 병원에 간다는 노부부에게 무슨 급한 일로 가느냐고 물으면서 대화를 시작한다.

할아버지는 자기 눈에 암이 생겨 전문의를 만나러 가는 길이라고 한다. 그리고 그 전문의와 약속하는 것이 얼마나 어려운지 오늘 시간을 지키지 못해서 만나지 못하면 아주 문제라고 한다. 아가씨는 지금 할아버지의 눈 상태가 얼마나 심각한지 묻는다. 할아버지는 자기는 한쪽 시력을 거의 잃었고 이젠 완전히 실명하게 될 것 같다고 대답하는데 그 어조가 의외로 담담하다. 엉뚱한 곳에서 우연히 만난 타인 같지 않게 그들의 대화는 친밀하다.

우리가 목적지로 삼은 역이 가까워지자 아가씨가 또 다른 제안을 한다. 즉 이 전철역부터 지하철이 움직이고 있다고 하지만 혹시 거기도 막혀 있을지 모르니 만약을 위해서 한 정거장 더 가는 것이 어떻겠냐고 하면서 나를 쳐다본다. 사실 나도 그런 생각을 하고 있었기 때문에 물론 좋다고 동의했다. 노부부도 요금은 좀 더 들겠지만 찬성한다고 말했다.

아가씨는 택시미터기를 보면서 한 사람이 5불씩 내면 어떤가 하고 말했다. 그러자 택시 운전사가 12불 정도면 될 거라고 한다. 아가씨는 각자 5불씩 내고 남으면 팁으로 내면 어떤가 하고 물었다. 나와 노부부는 앞에 앉아 있는 당신이 리더니까 당신이 정하면 우리는 따라간다고 하면서 웃으며 동의했다.

어쩌다가 잠깐 같은 택시를 타고 온 우리는 지하철 정거장 앞에서 내리며 옛날부터 아는 사람들처럼 손을 흔들면서 서로 즐거운 하루가 되라고 인사하며 헤어졌다. 살다 보면 뜻하지 않은 성가신 일들이 생긴다. 그러나 오늘 같은 경험이면 성가신 일도 유쾌한 기억으로 남는다.

(2003. 11.)

어느 젊은 과학자

작년 미국에서 '젊은 과학자 상(賞)'을 수상한 사람들 가운데는 미국의 모 연구소에 있는 한국인 여자 물리학 박사도 있었는데, 그에 대한 인터뷰 기사를 읽으면서 나는 '어떤 분야에서건 뛰어난 사람은 역시 다르구나!' 하고 연신 감탄했다.

사실 나는 과학에는 정말 무지하다고 할 수 있다. 21세기 과학이 극도로 발달한 이 시대에 살면서도 비행기를 탈 때마다 그 육중한 비행기가 그렇게 많은 사람과 화물을 싣고 어떻게 뜰 것인가를 매번 걱정하고, 또 항공모함이나 큰 호화 여객선이 바다 위에 떠 있는 것을 보면 그것이 도대체 어떻게 가라앉지 않고 떠 있을 수 있는지 신기하기만 하다. 이런 나한테 양력(揚力)이 어떻고 부력(浮力)이 어떻고 설명해 봐야 그저 공허하게 들릴 뿐이다.

그런 내가 이 36세의 젊은 과학자를 인터뷰한 기사를 읽으면서 감탄한 것은 과학과 관계된 무슨 전문적인 내용 때문이 아니고, 이 물리학자가 담담하게 풀어 놓은 몇 가지 평범한(?) 이야기 때문이었다. 먼저 그는 자신이 하고 있는 일에 대해 다음과 같이 설명한다.

"과학자의 길은 성직자가 부름을 받아야 할 수 있는 것처럼 일종의 부름이 있어야 할 수 있어요. 돈도 명예도 없어요. 다른 분야처럼 노력한 만큼 보상이 금방 나타나는 게 아니지요. 똑같이 고생하고 전문인이 되어 사회적으로 안정된 삶을 사는 다른 길이 얼마든지 많거든요. 그런데 경쟁은 세고요. 현실적으로 힘들더라도 이거 아니면 영적으로 갈급하다고 느끼는 사람이 하는 거지요."

나같이 과학을 물질과 수량의 세계라고 단순하게 이해하는 사람으로선 과학자의 길이 성직사의 길과 마찬가지로 '소명의식'을 지닌 사람들이 하는 것이며, 나아가서 그것이 아니면 영적으로 갈급하게 느껴지는 사람들이 해야 하는 것이라는 그의 이야기는 정말 놀라운 것이다. 사실 자신이 하고 있는 일을 운명적이라고 말할 수 있을 정도의 집착과 확신을 가진다는 것은 우리 같은 사람이 감히 넘겨다 볼 수 없는 경지이기에 정말 숙연해진다.

더구나 자기가 어떻게 하여 과학자의 길을 가게 되었는지에 대

한 다음과 같은 설명은 과학적이라기보다 철학적이며 문학적이기
도 하다.

"사람들은 다섯 살이나 여섯 살 때 하늘을 바라보면서, 왜 하
늘은 푸를까, 별은 어떻게 해서 생겼을까, 하는 생각을 하지 않습
니까? 그러다가 나이가 들면 그런 생각을 안 하고 돈 버는 일,
사회적으로 안정되는 일을 생각하는데, 과학자는 다섯 살, 여섯
살 때의 생각에서 벗어나지 않고 계속 하늘과 별을 연구하고 있
는 거예요. 그런 점에서 과학자는 다섯 살, 여섯 살 때의 어린 시
절의 꿈에 그대로 머물러 있는 사람이라고 보면 돼요."

흔히 학자라는 사람들은 단순한 일을 빙빙 돌려 복잡하고 난해
하게 설명하는 사람들이라는 핀잔도 듣는다. 그만큼 보통 사람은
감히 상상도 하지 못하는 우주의 근원을 탐구하는 과학자가 자기가
하는 일이 실은 대여섯 살 먹은 아이들도 질문을 하는 단순한 세계
라고 잘라 이야기하기가 쉽지 않을 것 같다.
　그래서 나는 이 인터뷰 기사를 읽으면서 이런 사람이 하는 과학
이라면 나같이 과학하고는 거리가 먼 사람도 흥미진진하게 몰두할
수 있지 않을까 하는 엉뚱한 생각조차 드는 것이다.
　사실 이 세상의 가장 근원적인 질문들은 지극히 단순한 모습을
하고 있다. 우주는 어떻게 생성되었는가? 생명의 기원은 어떻게 시

작되었는가? 인간의 삶은 어떤 의미가 있는가? 등이 그것들이다. 아무리 어려운 학문이나 심오한 철학적 사유도 근원을 따지고 보면 이런 단순한 질문에서 출발한다. 그러나 이렇게 지극히 단순한 질문이 어떻게 흘러가다 보면 복잡하고 애매하게 되어 나중에는 그러한 질문이 애초에 왜 시작되었는지도 잊어버리게 되는 것 같다.

우리의 삶에서 가장 소중한 것은 언제나 문제의 핵심을 놓치지 않는 것이다. 그리고 우리의 소박한 호기심과 자연스러운 의문을 억누르지 않고 솔직하게 표현하는 것이다. 우리가 단순한 질문이나 가까스로 얻은 조그만 단서를 정직하고 겸허하게 표현하지 않고, 번다한 말로 치장하거나 핵심을 이야기하지 않고 변죽만 울리다가 더 큰 혼란과 미궁에 빠지게 되는 것은 아닌가 한다.

한 젊은 과학자의 학문과 인생에 관한 평이하고 솔직한 표현을 보면서, 나는 어쩌면 이런 과학자가 몰두하고 있는 우주의 진화와 미래에 대한 연구는 궁극적으로 철학과 문학 등도 같이 만나는 경지가 아닐까 하는 생각이 들었다.

(1998. 2.)

테리의 추억

언젠가 내가 지나가는 말로 개를 기르고 싶다고 한 걸 기억했던 S형이 어느 날 강아지 한 마리를 조그만 상자에 넣어 가지고 와 키워 보라고 했다. 당시 초등학생이던 우리 아이들은 좋다고 야단이었지만 나는 좀 당황하고 난감한 기분이 들었다.

나는 어렸을 적부터 개를 참 좋아했다. 그래서 초등학교를 마칠 때까지 집에서 기른 개가 서너 마리가 되었다. 강아지를 키우다 보면 병이나 사고로 죽기도 하고 어느 날 갑자기 사라지는 일도 생겼는데, 그럴 때마다 어린 소년이던 나는 떠나간 개를 그리워하면서 한동안 가슴앓이를 해야 했다.

그 아픈 기억들 때문에 나는 다시는 강아지를 기르지 않겠다고 다짐했었다. 그래서 우리 아이들이 어렸을 때 남의 강아지를 보고 귀여워하면서 기르고 싶다고 할 때는 못 들은 척했다. 강아지를 기르다 보면 언젠가 한 번은 겪게 되는 헤어져야 할 때의 그 아픔을 우리 아이들에게 겪게 하고 싶지는 않았다.

　S형이 강아지를 두고 간 뒤 아이들은 강아지가 들어 있는 상자를 둘러싸고 밥 먹는 시간도 아까워하며 좋아했다. 나는 그럴듯한 이유를 대지도 못하면서도 짐짓 단호한 어조로 아이들에게 우리 집에서는 강아지를 기르기가 힘드니까 다른 집으로 보내는 게 좋겠다고 말했다.

　아이들은 자기네가 잘 돌볼 테니 제발 다른 집으로 보내지 말라고 사정했지만, 나는 어떻게든 그 강아지를 다시 주인에게 돌려보내든지 아니면 남에게 주든지 해야겠다고 속으로 이런저런 궁리를 하고 있었다.

　그러나 아이들은 재롱을 부리는 강아지가 귀여워서 학교에 갔다오면 먼저 강아지한테 달려가 문안을 드리고 난리를 피웠다. 어름어름하다 보니 며칠이 금방 지나고 또 한두 주일이 지나자 강아지를 다른 집으로 보내는 게 점점 어려워지는 형국이 되었다.

　하기야 나부터 그사이에 강아지에게 정이 들어 당장 어디로 보내자고 하면 서운하게 되었으니 말이다. 어름어름하다가 강아지는 결국 우리 집 식구가 되었다. 강아지를 우리 집에서 키우기로 하자 아이들은 환호성을 지르며 좋아하고 강아지 이름도 테리(Terry)라고 지어 주었다.

테리는 독일 셰퍼드였는데 생김새가 준수하고 영리한 개였다. 집에 자주 오는 사람들은 테리를 볼 때마다 참 잘생겼다고 칭찬했고, 그 말을 알아듣기라도 하는지 테리는 그 사람들이 오면 좋아했다. 테리는 자기가 아는 사람들에게는 꼬리를 치며 좋아하다가도 낯선 사람들이 집 근처에 얼른거리기라도 하면 사납게 짖는 바람에 우리 집 앞을 지나가는 사람들에게는 꽤 성가신 존재였을 것이다. 테리는 주인을 잘 따르고 집을 잘 지키는, 그야말로 개의 역할을 충실히 하는 개였는데, 돌아보면 미소를 짓게 되는 재미나는 에피소드가 많았다.

우리 옆집 주인은 남에게 집 전체를 세주고 어쩌다 한 번씩 와서 자기 집 주변을 돌아보곤 했는데, 그럴 때마다 테리는 그 집에 세 든 사람을 보고는 짖지 않으면서도, 그 옆에 서 있는 낯선 집주인을 보고는 맹렬히 짖어대는 것이었다.

기분이 상한 옆집 주인이 자기 집 마당에 있는 자신을 보고 짖는 우리 개가 성가시다고 시청에 불평해서 경찰관이 조사를 나온 적이 있었다. 경찰관은 개가 어떻게 현재 살고 있지 않은 주인과 현재 살고 있는 세 든 사람을 구별하겠느냐고 하면서 오히려 나보고 세상에는 별별 사람들이 다 있으니 그런 것 신경 쓰지 말라고 하면서 돌아갔다.

한편 테리는 상점에서 사오는 개밥보다 우리 집에서 나오는 한식 남은 것을 훨씬 좋아했는데, 나중에는 개밥은 거들떠보지 않고 한식만 좋아하는 편식증을 나타내기도 했다. 또한 특이하게도 자기 주인과 비슷한 동양 사람에게는 우호적인 태도를 보이고, 외양이 다른 서양 사람들에게는 적의를 나타내고 사납게 짖어댔다.

그것을 보고 어떤 사람이 우리 집 개는 '인종차별주의자'(racist)라고 농담하기도 했는데 그렇게 틀린 이야기는 아니다. 나는 사람의 겉만 보고 차별하는 인종차별주의자들은 개와 비슷한 수준이라고 해도 할 말이 없을 것으로 생각하면서 고소를 지었다.

개를 키우는 사람 중에는 덩치가 큰 개도 집 안에서 키우는 사람이 적지 않고, 또 어렸을 때부터 개를 훈련하는 곳에 보내기도 하면서 흡사 아이들 키우듯 돌보는 사람들도 많다. 그러나 나는 개는 더운 여름이나 추운 겨울이나 바깥 환경에 적응하면서 자연스럽게 살아야 한다고 생각하는 '옛날 한국 사람'이다. 그래서 창고 지붕 아래 큼직한 개집을 만들어 주고, 마당 전부를 둘러싸는 울타리를 만들어서 개가 마음대로 뛰놀 수 있게 해주는 것이 내가 할 수 있는 최상의 배려였다.

그러다 보니 개가 온 마당을 운동장처럼 뛰어다니고, 심심하면 구멍을 파고 풀을 뜯고 하니 마당은 여기저기 맨흙이 드러나서 다른 집처럼 보기 좋게 잔디를 가꿀 생각은 아예 포기해야 했다. 개 때문에 엉망이 되어 있는 우리 집 마당을 보고 지인들은 "이 집 마당은 개판이네!" 하고 농담 겸 진담을 하곤 했다.

아이들은 처음에는 자기들이 개를 보살피겠다고 했지만, 학교 갔다 돌아올 때마다 꼬리를 치는 개를 울타리 너머로 쓰다듬어 주거나 가끔 기분이 나면 공을 가지고 잠시 같이 놀아 주는 일이 고작이었다. 아내 역시 어쩌다 뒷마당에 들어가면 흙 묻은 발로 좋다고 덤비는 개 때문에 뒷마당에 들어가는 일은 될 수 있는 대로 피하려고 해서 매일 개밥을 주고 번거로운 뒤치다꺼리를 하는 것은 전적으로 내 몫이었다.

개를 키우는 즐거움 중의 하나가 개를 데리고 산책하는 것이라고 할 수 있다. 개를 데리고 산책을 하면 말 못 하는 짐승이지만 옆에 동반자가 있다는 것이 마음을 느긋하게 한다. 이른 아침이나 저녁 무렵에 개를 데리고 동네 뒤편에 있는 호젓한 숲길을 따라 산책하다 보면 개를 데리고 나온 다른 사람들과 마주치게 된다. 그럴 때는 서로 인사도 나누고 가벼운 이야기를 나누는 것도 작은 즐거움이다.

테리는 힘이 넘쳐서 산책할 때도 다른 개들처럼 옆에서 얌전하게 따라오는 것이 아니라 앞장서서 나가기 때문에 따라가기 힘들었다. 그래서 사람이 개를 데리고 산책한다기보다 개가 사람을 끌고 가는 꼴이 되곤 했다. 아내는 그 모양을 보고 웃으면서 테리가 주인을 잘못 만나서 다른 집 강아지들처럼 학교에 가서 훈련을 받지 못해서 그렇다고 나와 테리를 싸잡아 책망했다. 그러나 개도 나이가 들면 철이 드는지 세월이 가면서 테리도 의젓한 개로 변모해 갔다. 사람을 보아도 어릴 때처럼 촐랑거리지도 않고 낯선 사람을 보아도 잘 짖지도 않고 지긋이 바라볼 뿐이었다.

테리가 우리 집에 처음 올 때 초등학교에 다니던 아이들이 어느새 대학생이 되었으니 그동안 참 많은 세월이 흐른 셈이다. 열 살을 넘기며 서서히 늙어 가는 모습을 보이던 테리가 열세 살이 되면서 눈에 띄게 쇠약해졌다. 병원에 데려갔더니 늙어서 그러니 다른 방법이 없다고 했다. 가끔 산책하러 나가면 젊었을 때는 앞서서 나를 끌고 가던 테리가 힘없는 걸음으로 따라오는 것을 보며 안쓰러운 느낌이 들곤 했다.

그러던 어느 날 아침, 밥을 주러 뒷마당 문을 열자 내 눈에 들어온 것은 자기 집 앞에 움직이지 않고 길게 누워 있는 테리의 모습이었다. 나는 미동도 하지 않는 테리를 보고 직감적으로 그가 죽은 것을 알아차리고 가슴이 무너져 내렸다. 테리의 죽음을 확인하고 나는 무엇보다도 아이들이 얼마나 슬퍼할까 하는 걱정부터 앞섰다.

나는 아이들이 테리의 시신을 직접 보면 충격이 클 것이니 아이들이 오기 전에 테리의 시신을 보이지 않는 곳으로 옮겨두어야겠다고 생각했다. 그러나 다음 순간 오랜 세월 동안 한 가족으로 지내다가 죽음으로 이별하는 과정의 슬픔과 아픔을 아이들도 그대로 겪어야 한다는 생각에 테리의 시신을 그의 집 앞에 두고 담요로 덮어 두었다.

학교에서 하나둘 돌아온 아들들은 테리가 죽은 것을 알고 눈물을 쏟았다. 초등학교부터 대학생이 될 때까지 같이 자라면서 한 식구로 정을 나누었으니 그 슬픔은 너무도 당연했다. 테리가 다니던 수의과 병원에 연락하니 시신을 보내라고 했다. 나는 차를 운전하고 두 아들은 뒷좌석에서 하얀 헝겊으로 감싼 테리의 시신을 안고 병원으로 갔다. 며칠 후 병원에서는 시신을 화장했다고 알리며 정중한 조문 카드까지 보내왔다. 그것은 가족 장례식과 다름없었다.

테리가 죽은 뒤에도 얼마 동안 치우지 않고 그대로 둔 테리의 빈 집과 테리가 뛰어다니던 뒷마당을 보면 마음이 쓸쓸했다. 학교에서 돌아온 아들들이 현관에 들어서기 전에 습관처럼 얕은 담장을 붙잡고 뒷마당으로 눈길을 보내다가 고개를 젓는 모습을 목격하곤 또 가슴이 아팠다.

개를 기르면 나중에 이별할 때 겪어야 할 슬픔과 아픔을 우리 아이들이 겪지 않았으면 했지만, 마침내 그날이 온 것이다.

(1997. 9.)

고향을 돌아보라

고향을 돌아보라

캐나다로 이민을 떠나온 지 3, 4년이 되었을까, 신문에서 《그대 고향에 다시 가지 못하리》라는 소설 제목을 보고 괜히 가슴이 서늘하여 한국에 있는 친지에게 그 내용을 문의한 일이 있다.

외국 땅에서 살다 보니 어떻게 해서 이민을 결정하게 되었느냐는 질문을 가끔 받는다. 나는 언제나 그 질문에 대해서 그럴듯하게 들리는 이유를 내세우지 못해서 좀 쑥스럽다. 어두운 시절이었긴 해도 정치적 망명을 한 것도 아니었고, 외국 유학을 해서 금의환향(錦衣還鄉)을 하겠다는 꿈을 가진 것도 아니었다. 그렇다고 외국에 나가 돈을 벌어 보겠다는 생각으로 나온 것은 더더욱 아니었다.

학교를 졸업하고 교편생활을 몇 년 하고 난 뒤였다. 정말 나는 꿈 많은 학생들과 지내는 그 생활을 즐기고 있었다. 그러나 마음 한

구석에선 시간이 흐르면 나도 타성에 젖어서 다람쥐 쳇바퀴 돌리는 듯한 생활에 젖어 들 미래가 보이는 것 같아 두려웠다. 지금 생각해 보면 그렇게 두려워하고 기피할 일이 아니었다. 사실, 우리 삶이란 그런 것이 아닌가.

그러나 우리의 삶이 그렇거니 하고 당연히 받아들이기엔 그때의 나는 너무 젊었다. 부글거리는 가슴의 열정을 주체하지 못하여 나는 외국행을 결정했다.

'열정을 주체하지 못하여'라고 단순하게 표현하고 보니 그 생각 많던 30대 초반 시절의 자신을 너무 평가절하하는 느낌이 들지만, 이 나이가 되어 그 당시의 나를 되돌아보니 그렇게 한마디로 표현해도 별 무리가 없을 것 같다. 눈 질끈 감고 그렇게 자신을 미지의 모험적인 세계 속으로 밀어 넣고 싶었던 것이다.

캐나다 땅으로 생활의 무대를 옮겨 자연과 문화가 다른 낯선 환경에서 한국을 떠나기 전에는 미처 상상하지 못했던 여러 가지 일을 겪으면서 몇 년을 정신없이 지냈다. 좀 막연하긴 했지만 사실은 기한을 작정하고 시작한 외국 생활이었다. 그러다가 어느 날, 이렇게 흘러가다간 고향에는 영영 다시 돌아가지 못하게 될지도 모른다는 불안감이 갑자기 들었던 것이다. 《그대 고향에 다시 가지 못하리》란 책에 대해 문의한 것도 그 무렵이었던 것 같다.

프로스트(Robert Frost)의 시 〈가지 않은 길〉(The road not taken)에는 갈림길에서 하나의 길을 선택하고, 선택하지 않은 다른 하나

의 길은 훗날 다시 돌아와서 가보리라고 생각하는 대목이 있다. 그러나 마음 한구석에서 피어오르는 의구심을 이렇게 표현한다. "길은 길에 연하여 끝없으므로 내가 다시 돌아올 것을 의심하면서 ……." 나는 이 시를 한국을 떠나기 전에 학생들에게 가르쳤지만, 나 자신이 나중에 그것을 아주 절감하게 되는 상황에 놓일 줄은 전혀 예측할 수 없었던 것이다.

애초에 외국에서 5년만 살고 돌아가리라 작정했는데, 나는 이제 그 5년의 다섯 배도 더 넘는 세월을 캐나다 땅에서 살았다. 지난 몇 년 동안에는 여름 방학 기간에 이루어지는 강의를 위해서 거의 매년 한국에 갔다.

그동안 한국은 너무나 변했다. 환경도 변하고 사람 사는 모습도 엄청나게 변했다. 시골이라도 예외가 아니다. 정말 과장 없이 '뽕나무밭이 변해서 푸른 바다가 되었다'(桑田碧海)라고 표현할 수 있는 엄청난 변화가 곳곳에 이루어졌고 또 지금도 계속되고 있다. 그 엄청난 변화를 바라보는 내 마음은 한편으로는 감탄하면서도 한편으로는 정겨웠던 옛 풍경의 사라지는 것이 씁쓸했다.

그러한 변화 속에서도 예나 이제나 같은 모습을 보여 주고 있는 것이 있으니, 바로 한국의 산이다. 번잡한 도시를 떠나 시골로 내려가서 사방을 둘러보면 어디서나 주위를 병풍처럼 둘러싸고 있는 산들을 볼 수가 있다. 그 정겨운 산들을 바라볼 때 벅차오르는 심정을 어떻게 표현해야 할까? 멀리 혹은 가까이 보이는 눈에 익은 완만한 산의 능선(稜線). 언제나 돌아오면 안아 줄 어머니의 품처럼 변함이 없는 그 아늑한 산들을 바라보면서 나는 모국에 돌아왔다는 것을 실감한다.

생각해 보면 우리가 마음속에 그리는 고향은 젊은 시절 우리가 그 고향을 떠나는 순간에 사라져 버린 것이다. 어느 작가의 이야기처럼 옛 고향으로 가는 통로는 오직 기억에만 존재할 뿐 이 세상의 지도로는 돌아갈 수 없는 것인지도 모른다. 그래서 〈향수〉의 시인 정지용은 "고향에, 고향에 돌아와도 그리던 하늘만이 높이 푸르구나" 하고 탄식하지 않았던가.

그러나 나는 먼 훗날 내가 고향으로 돌아가게 되든 이 외국 땅에서 여생을 마치게 되든, 앞으로도 고향으로 돌아가는 '꿈'을 계속 꿀 수 있었으면 한다. 현실적으로나 관념적으로나 그리워할 '고향'을 지니지 못한다는 것은 슬픈 일이다. 실향(失鄕)이란 단순한 공간의 상실이 아니고 언제나 귀의할 수 있는 정신적 안식처의 상실이 아닐까.

(2000. 6.)

산(山)아, 푸른 산아

    나는 지리산이 그렇게 넓은 지역에 넉넉하게 자리 잡은 줄 몰랐다. 우리 국토에 대한 나의 무지 때문이다. 대학 졸업 후 직장 생활 몇 년 하고 훌쩍 떠난 모국이니 그럴 수밖에 없었다.

    이번 여름에 나를 지리산으로 안내한 L 교수는 지리산에서 태어나고 그 골짜기에서 성장한 사람이다. 말하자면 지리산이 그의 고향이다. 부러운 사람이었다. 나처럼 태어난 곳과 자란 곳이 달라서 고향에 대한 일관된 추억을 갖지 못하는 사람도 아니고, 방황을 거듭한 끝에 머나먼 타국 땅에서 살고 있는 에뜨랑제(이방인)도 아니다.

    산마루에 서서 눈앞에 연이어 있는 크고 작은 산봉우리들과 그 사이사이에 숨어 있는 계곡들을 손짓으로 하나하나 짚어 가며 설명

하는 L 교수의 표정에는 고향을 지켜 온 사람들만이 지닐 수 있는
자긍심과 애정이 가득하다. 그런 L 교수가 이제는 조국을 떠나 외국
에 가서 살고 싶다고 한다. 아름다운 산하에 대한 애정은 변함없으
나 날로 각박해지는 사회가 그를 숨 막히게 한다고 말한다. 슬픈 일
이다.

　L 교수는 이틀밖에 없는 나의 일정을 생각해서 지리산의 여러 계
곡 중에서 하나를 선택해서 오르자고 제안했다. 나는 등산을 해본
사람이 아니라서 험한 계곡을 어떻게 오르나 하고 은근히 걱정했으
나 계곡으로 들어가는 산 중턱까지 차가 들어갈 수 있게 좁고 조잡
한 시멘트 길을 만들어 놓은 데는 놀라지 않을 수 없었다. 그뿐인가,
계곡 입구에는 음식점과 숙박시설을 갖춘 소위 '산장'들이 옹기종기
자리 잡고 있었다.
　폭포를 찾아 계곡의 정점을 향하여 울창한 나무숲을 헤치고 올

라가다 보면 중간중간에 확 트인 곳에는 넓은 바위들이 시원하게 널려 있는데, 그곳에는 목 터져라 소리를 고래고래 지르는 사람들이 있다. 창(唱)을 수련하는 사람들이라고 한다. 자세히 보면 어른들뿐만 아니고 아이들도 있다. 요즈음은 전통예술에 대한 인식이 높아져서 방학을 이용해서 어린 학생들이 단체로 창을 배우러 오는 경우도 있다고 한다.

 L 교수는 길이 나 있지 않은 폭포 바로 밑까지 접근하기 위해서 바위와 바위 사이를 건너뛰기도 하고 때로는 바지를 걷어 올리고 급한 물살을 거슬러 나아간다. 마침내 폭포에 도착해서 물이 떨어지는 위를 올려다보니 울창한 나무들 때문에 손바닥만 하게 하늘이 열려 있는 폭포의 위쪽과 급하게 날며 떨어지는 물살 그리고 떨어지는 물을 받아 소용돌이치는 웅덩이는 한 폭의 동양화였다.

 오랜 세월 동안 떨어지는 물에 패이고 패여 꽤 깊을 것이라고 짐작되는 폭포 밑 웅덩이의 이름은, 시골에 가면 깊은 못들에 흔히 붙여지는 '용소'(龍沼)였다. 금방이라도 전설 속의 '이무기'가 솟구칠 것 같은 시퍼런 색깔을 내비치고 있는 용소를 내려다보면서 L 교수는 자기가 자라던 골짜기에도 이런 데가 있는데, 그런 곳에서는 항상 그렇듯이 옛날부터 전해 오는 으스스한 이야기가 많아서 어렸을 때는 접근하기를 두려워했다고 하면서 웃었다.

 폭포를 뒤로 하고 계곡을 따라 내려오다 보니 어느새 해가 떨어졌다. 어둠이 깔려 주변이 잘 보이지 않아 발밑만 보고 길을 더듬으며 내려온다. 저편 아래쪽에서 들리는 계곡의 물소리는 어둠 속에서 더욱 청명하고 풀벌레 소리 또한 요란하다. 불현듯 아주 오랜 세월 전에 내가 이렇게 지낸 적이 있었다는 생각도 들고, 또 그동안 나는 어디로 갔다가 이제야 돌아왔는가 하는 엉뚱한 생각도 해본다. 어둠 속에서 느끼는 산은 한없이 깊고 신비롭기만 하다.

다음 날 아침 햇살을 받으며 골싸기마다 안개를 피워 올리고 있는 지리산은 어제저녁 어둠 속에서 느끼던 산과는 또 다른 모습이었다. 그것은 모든 것을 품에 안고 있는 어머니와 같은 자애롭고 넉넉한 산이었다. 참으로 다양한 모습을 지니고 있는 것이 지리산이었다. 나는 그 산속으로 빠져들어 가는 것을 느끼면서 시인 박두진의 〈청산도〉(靑山道)를 되뇌었다.

산아, 푸른 산아.
네 가슴 향기로운 풀밭에 엎드리면, 나는 가슴이 울어라.
흐르는 골짜기 스며드는 물소리에, 내사 줄줄줄 가슴이 울어라.

(1999. 9.)

감을 앞에 놓고

아내를 따라 중국 시장에 갔다가 보기에도 탐스러운 감이 있어
한 상자를 사 가지고 왔다. 그것은 흔히 보는 납작한 감이 아니고
배가 불룩하고 주먹만 한 것으로, 어렸을 때 고향에서 우리가 돌감
이라고 부르던 감과 비슷했다. 한국산은 아니고 남미 어느 나라에
서 수입한 것이라고 한다. 그 탐스러운 감들은 무엇보다도 색깔이
너무도 아름다웠는데, 무어라고 한마디로 표현하기는 힘들지만 그
것은 정말 무르익은 가을의 색깔이었다. 아내는 그 감이 보기와는 달
리 익지 않은 것이라고 하며 사기를 주저했지만 내가 우겨서 샀다.

집에 가지고 와서 그중 가장 잘 익었을 듯한 것을 하나 골라 먹어
보았다. 가장 위쪽의 조금 말랑말랑한 부분을 제외하곤 전체적으로
아직은 떫었다. 나는 떫은 뒷맛을 음미하며 이것을 어떻게 익혀 먹

을 것인지 궁리했다. 아내는 어디서 들었는지 그것을 냉장고에 넣어 얼렸다 먹으면 괜찮을 거라고 한다. 그는 서울 한복판에서 양과점의 '슈크림'을 먹으면서 자란 소위 '서울 사람'이라 시골 생활을 잘 모른다. 나도 농촌 사람은 아니지만 서울 사람들이 '시골'이라고 부르는 지방 도시에서 자랐기 때문에 시골 생활을 좀 안다고 할 수 있다. 우리가 어렸을 때는 덜 익은 감을 쌀독 속에 파묻어 두었다가 먹곤 했는데, 때로는 아주 새파란 감도 소금물에 담가 두고 며칠을 지내면 그 떫은맛이 우러나서 그런대로 먹을 수 있었다.

우리 고향에는 거의 집집마다 감나무가 한두 그루 정도는 있었다. 봄이 되면 하얀 감꽃이 피었는데 우리는 그 꽃을 진달래꽃이나 아카시아꽃처럼 먹곤 했다. 여자아이들은 그 떨어진 꽃들을 실로 꿰어 목걸이를 만들기도 했다. 그렇게 집 안을 환하게 하던 감꽃도 어느 날 비를 맞고 나면 허망하게 삽시간에 떨어져 우물가가 하얀 감꽃으로 덮이곤 했는데, 나는 그럴 때면 툇마루 끝에 걸터앉아 그 아름다운 풍경을 한참이나 바라보곤 했다.

내가 감꽃에 대한 추억을 가질 그 무렵에 우리 누님들이 시집을 갔는데, 나하고 나이 차이는 꽤 있지만 오래 같이 살던 누나들이 하나둘 멀리 떠나갔다는 사실이 어린 소년의 마음을 꽤 허전하게 했던 것 같다. 지금 내 낡은 스크랩북에는 신기하게도 그 당시에 내가 소년 잡지에서 오려낸 동시가 아직도 남아 있다.

또옥 또옥 살구꽃이 필 무렵에
누나는 먼 데로 시집갔다.

또옥 또옥 살구꽃이 지면
화안히 깔린 꽃잎 위에는
이제 아무도 오잖으면 좋겠다.

며칠 내 며칠 내 꽃잎이 지면
누나는 없어도 우물은 아름답겠다.
두레박마다 꽃잎은 뜨일 것 같다.
아, 두레박 속에선, 가득히 누나가 보일 것 같다.

　이 시는 감꽃이 아니라 살구꽃을 소재로 하고 있지만 낙화(落花)
와 이별이 이루는 분위기에는 다를 바가 없다. 나는 이 시를 스크랩
북에 붙여 놓고 그 후 세월이 몇 년 흐른 뒤에도 가끔 읽어 보았는데,
읽을 때마다 우물가에 하얗게 깔렸던 감나무꽃과 누나들이 시집가
던 기억을 떠올리곤 했다.
　지금 되돌아보면 이젠 이 모든 것도 참으로 아득한 옛날 일이 되
었다. 나에게 애잔(哀殘)한 감상을 남겨 주고 시집을 갔던 그 누님들
도 이젠 이순(耳順)을 넘고 고희(古稀)를 넘었다. 참으로 화살같이
흘러가 버린 세월의 무상함을 탓하지 않을 수 없다.

사실 나는 고향을 일찍 떠나서 서울에 와서 살게 되면서 감나무를 더 이상 못 보게 되자 감나무에 얽힌 기억도 서서히 사라져 버렸다. 그러다 어쩌다가 모든 것이 낯선 외국 땅에서 살게 되자 감나무에 대한 기억을 되돌아볼 기회는 더더구나 없었다.

그러던 것이 오늘 감을 앞에 놓고 참으로 오래간만에 옛 생각을 하게 되었다. 아마 며칠이 지나면 쌀독이 아닌 쌀자루에 파묻어 놓은 감들이 꽤 익을 것이다. 그때는 잘 익은 감을 한입 베어 먹으면서 감꽃으로 덮인 환한 우물가를 다시 떠올릴 수 있었으면 좋겠다.

(1997. 11.)

한길 옆 우리 집

우리 집은 큰길 옆에 붙어 있다. 처음 방문하는 사람들은 "어떻게 차들이 많이 다니는 큰길가에 있는 집을 샀어요?" 하고 묻곤 한다. 우리는 이 집에서 수십 년을 살아왔으니 큰 불편을 느끼지 못하나, 조용한 주택가에 사는 사람들은 우리 집이 한길 바로 옆에 붙어 있다는 사실이 꽤 불편하게 보이는 모양이다. 그리고 우리가 큰길과 집 사이에 있는 출입구를 통해 차를 몰고 들어갔다 나갔다 하는 것을 보고 놀라워하기도 한다.

40년이 되어 가는 옛날이야기다. 우리는 몇 년 토론토 시내에 살다가 캐나다 이주 초기에 수년 동안 살면서 정이 들었던 이 외곽 지역으로 돌아가기로 하고 집을 구하기 시작했다. 당시 초등학생이던 작은아들은 학교를 옮겨야 한다는 데 별 이견이 없었는데, 한창 학교생활에 재미를 느끼던 큰아들은 우리가 다른 지역으로 이사를 하더라도 자기는 옛 친구들과 지금 다니는 학교를 계속 다니고 싶다고 했다. 나는 부동산 중개인에게 우리가 다른 지역으로 이사를 하더라도 아들은 현재 다니고 있는 학교에 통학할 수 있게 전철이나 버스를 금방 탈 수 있는 한길 가에 붙어 있는 집을 소개해 달라고 부탁했다.

그러나 우리가 요구하는, '집 바로 앞에서 버스를 탈 수 있는 한길 가에 있는 집'을 구하는 것은 생각보다 쉬운 일이 아니었다. 공교롭게 그 당시에는 토론토의 집값이 급격하게 오르는 때라서 팔려고 내놓은 집도 많지 않은 상황에서 우리가 요구하는 조건에 딱 맞는 그런 집은 좀처럼 나타나지 않았다. 부동산 중개인은 인도 계통의 마음씨 착한 사람이었는데, 좀처럼 그런 집을 찾을 수 없다고 하더니 한번은 좋은 소식이 있다고 하면서, '버스정류장에서 골목길만 돌면 바로 있는 집'이 있는데 어떠냐고 물었다. 그러나 우리가 집 창문을 통해서 아이가 버스정류장에서 차를 타는 모습을 볼 수 있는 곳이어야 되겠다고 하자 그는 정말 이해가 안 된다는 듯 고개를 흔들었다.

그렇게 기다리고 기다리던 중, 어느 날 저녁 먹는 시간에 부동산 중개인에게서 당신이 말하는 조건에 꼭 맞는 집이 나타났으니 혼자라도 지금 당장 가보는 게 좋겠다는 연락이 왔다. 나는 주소를 받아 적고 곧장 출발했지만, 그 집에 도착했을 때는 이미 어두워진 때였다. 그래도 그냥 돌아갈 수는 없어 문을 두드리니 현관 등이 켜지면서 백인 남자가 고개를 내밀었다. 나는 방문한 목적을 밝히고 저녁 시간에 와서 대단히 미안하지만 집을 잠시 보여 줄 수 있겠느냐고 부탁했다. 그러나 깐깐한 인상의 집주인은 지금은 늦은 시간이니 낮 시간대에 오라고 했다.

나는 집 안은 들여다보지 못한 대신 그 집 주변을 돌아보았다. 집 바로 앞은 아니지만, 두세 집 지나면 바로 버스정류장이 있어 정말 그 집 창문에서 버스정류장이 빤히 보이는 것이었다. 그 무렵은 집이 하나 시장에 나오면 여러 사람이 경쟁적으로 구매 신청을 하는 경우도 적지 않은 때라서 집에 돌아오는 길에 곧장 중개인에게 전화를 걸어 그 집을 당장 사겠다고 서둘렀다. 중개인은 내가 집 안을 둘러보지도 않고 집을 사겠다고 하니 정말이냐고 몇 번 다짐을 하고 다음 날에 구매계약서를 가지고 오겠다고 했다.

그다음 날 우리 집을 찾아온 중개인 앞에서 매매청구서에 서명했더니, 바로 그다음 날 계약이 성립되었다는 연락이 왔다. 집주인은 사려는 사람이 얼마나 집이 마음에 들었으면 집 안도 보지 않고 계약할까 의아해했을 것이다. 나는 집 매매가 성립되고 난 뒤에 중개인이 그래도 한번 보라고 가져다준, 그 집을 소개하는 몇 장의 내부 사진을 보았을 뿐 이사하는 날까지도 그 집을 찾아가 본 적이 없었다.

이 집을 사게 된 연유를 묻는 사람들에게 이런 자초지종을 설명

하면, 사람들은 집을 사면서 어떻게 집 안도 들여다보지 않고 샀느냐고 놀라워한다. 집을 사고 난 다음에 별 하자가 발견되지 않아서 다행이지, 상점에 가서 물건 사듯이 집을 사는 것을 보면 참 생활감각이 없는 대책 없는 사람이라고 했다.

문제는 힘들게 조건에 맞는 이 집을 샀는데, 큰아들은 서너 달도 지나지 않아 아무래도 집 근처에 있는 학교에 다니는 게 좋겠다는 것이 아닌가. 그렇지 않아도 나도 아무리 바로 집 앞에 정류장이 있어도 버스와 전철을 갈아타고 러시아워에 시내 한복판에 있는 학교를 오가는 일이 힘들 것이라고 생각하고 있던 터라 당장 찬성했다. 그렇게 열심히 '집 앞에 버스정류장이 보이는 한길 가 집'을 구하던 일이 헛일이 되고 만 셈이다.

자식 때문에 집의 위치를 고르는 이야기를 하다 보니 맹자의 어머니가 자식 교육을 위해서 좋은 환경을 고르느라 세 번이나 이사했다는 옛 고사가 떠오른다. 나는 그런 교육적 명분도 없이 한길 가에 있는 이 집을 구하느라 애를 썼지만, 금방 그 이유가 사라지는 바람에 '한길 가에 있는 집'은 싱거운 에피소드로 남았다.

그러나 그렇게 구한 집에서 반평생을 살았으니, 우연한 일이 우리의 인생을 지배한다는 말을 실감하게 된다. 정말 인생은 우연한 선택의 연속이고 선택된 우연은 엄중한 삶의 현장이 되기 일쑤가 아닌가.

(2021. 2.)

친절의 파장(波長)

외국 여행 중에 겪은 한두 가지 경험으로 서양 사람들은 모두 아주 친절하다고 말하는 사람들을 가끔 본다. 너무도 당연한 일이지만, 서양 사람 중에도 아주 친절한 사람이 있는가 하면 말도 못 하게 불친절한 사람도 있다. 그러나 바로 얼마 전에 내가 경험했던 일을 어떤 한국 여행객이라도 보았다면 서양 사람들은 정말 끔찍하게도 친절하다는 인상을 오랫동안 지우기가 어려웠을 것이다.

몇 주 전에 나는 하이웨이를 타고 토론토에서 두어 시간 걸리는 곳을 좀 급하게 가는 중이었다. 그런데 앞에 무슨 사고가 났는지 조금씩 속도가 줄어들더니 나중에는 영 길이 막혀 꼬리를 물고 있는 차량들이 전혀 나아가질 않았다. 그래서 할 수 없이 샛길로 우회하려고 하이웨이에서 빠져나왔다가 방향을 잃어 어느 시골 커피숍에 길을 물으러 들어간 일이 있다.

내가 카운터로 다가가자 미소를 띠며 "무어 도와드릴 일 있느냐?"는 아가씨에게 사정 설명을 하고 길을 물었다. 그 아가씨는 자기는 길을 잘 몰라 대답해 줄 수 없어서 미안하다고 하면서 주인아주머니가 그곳 지리를 잘 아니까 자기가 한번 물어보겠다고 했다. 그러고는 카운터 뒤쪽에 주방으로 나 있는 구멍을 통해서 주인아주머니한테 여기 어떤 사람이 길을 물으니까 설명해 주면 좋겠다고 하는 것 같았다.

그러자 곧 뚱뚱하고 투박한 인상의 주인아주머니가 앞치마를 두른 채로 나와서 큰 손짓으로 커피숍 앞을 통과하는 길을 가리키며 설명하기 시작했다. 정오의 햇빛이 알맞게 들어와서 아늑한 분위기를 자아내고 있던 그 커피숍에는 그때 마침 7, 8명의 사람이 이 구석 저 구석에 앉아 커피를 마시고 있었는데, 이 아주머니가 아주 큰 목소리로 열성적으로 설명하는 바람에 모두 이쪽을 바라보고 있었다.

아주머니는 나에게 목적지로 가는 가장 빠른 길은 다시 하이웨이로 들어가서 가는 것이니까 다른 시골길로 갈 생각을 말라고 거듭 다짐하면서 그곳에서 하이웨이로 가는 빠른 길을, 마을 끝에서 왼쪽으로 돌아 5마일쯤 가면 옥수수 벌판에 둘러싸인 자그마한 네거리가 나오는데, 거기서 오른쪽으로 돌아……, 하면서 참으로 꼼꼼하게 가르쳐 주었다. 하지만 너무 지름길을 알려주려고 해서 그런지 나한테는 그것이 복잡하게 연결된 길로 느껴졌다. 그 아주머니는 혹시 내가 잊어버릴까 봐 그 꼬불꼬불한 길에 대한 설명을 한 번 더 되풀이하기까지 했다.

그러자 카운터 바로 건너편에서 앉아 있던 아주 얌전하게 생긴 아저씨 하나가 조용하고 차분한 목소리로 입을 열었다. 사실 그 길이 사람들이 많이 이용하는 길이기는 하지만 요즈음은 중간 지점에서 공사를 하기 때문에 시간이 더 걸린다고 하면서 자기는 그 길보다 더 쉬운 길을 알고 있다며 또 다른 길을 설명하기 시작했다.

이 사람 역시 내가 가야 할 길을 그 커피숍의 바로 앞부터 차근차근 설명했다. 그러나 문제는 이 사람이 설명을 시작하자 여기저기에 앉아 있는 사람들이 중간중간에 다른 의견들을 꺼내는 바람에 이 사람이 이야기를 계속하지 못하고 자꾸 중단할 수밖에 없는 사태가 생긴 것이었다.

이 아저씨는 다른 사람들 때문에 자기가 설명을 계속할 수 없게 되자 자기 말을 가로막는 사람들을 원망에 찬 표정으로 쳐다보았다가 또 나를 쳐다보았다가 하면서 어쩔 줄을 몰라 했다. 난처하기는 나도 마찬가지였다. 모두 나를 도와주겠다는 호의에서 하는 일인데 내가 누구 이야기만 듣고 누구 이야기는 무시한다는 것도 안 될 일이었다. 이 사람이 끼어들었다가 저 사람이 끼어들었다가 하는 혼란이 있었지만 어쨌든 이 얌전한 아저씨는 무사히 설명을 끝낼 수 있었다. 참으로 거기에 있는 모든 사람은 정말 지나칠 정도로 친절

했다.

　나는 길을 잃은 낯선 사람을 서로 도와주려는 그 사람들의 호의가 매우 고마워서 커피숍 문을 나서기 전에 되돌아서서 안에 있는 모든 사람을 향해서 무슨 시골 면장 선거에 나온 후보자나 되는 것처럼 한 손을 높이 쳐들고 고맙다는 인사를 했다. 세워 둔 내 차로 돌아가면서 시계를 보니 이미 목적지에 도착해야 할 시간을 훨씬 지났지만, 그 시골 사람들이 보여 준 순박하고 친절한 마음씨는 나에게 콧노래를 부르게 했다.

(1997. 10.)

장애인에 대한 배려

　몇 년 동안 토론토 대학에서 '세계의 문학'(World Literature)이라는 강좌 속에서 한국 문학을 강의할 때의 일이다. 첫날 한창 강의 중인데 한쪽 구석에 앉은 두 사람의 움직임이 다른 학생들과 다른 것 같아 눈여겨보니 중간중간에 서로 수화(手話)를 하고 있었다.

　보통 학생 가운데서도 수화를 할 줄 아는 학생들이 가끔 있으므로 수업 중에 다른 사람들한테 방해되게 않게 수화로 의사를 교환할 수도 있는 일이고, 아니면 약간의 청각 장애가 있는 경우에 다른 학생이 수화로 도울 수도 있는 일이고 해서 그냥 그런가 보다 하고 지나쳤다.

　그러나 다음 주에 강의실에 들어가자 지난번의 그 두 사람과 또 다른 한 사람이 교실 앞에서 기다리고 있었다. 셋 다 백인 여성으로 한 사람은 캠퍼스에서 흔히 볼 수 있는 20대 여학생이고 두 사람은 30대 후반이나 40대 초반으로 보였다.

그중 가장 연장자로 보이는 사람이 나에게 여학생을 소개하면서 이 강좌에 등록한 학생이라고 했다. 그리고 그 학생이 청각 장애가 있기 때문에 자기하고 또 한 사람이 그 학생을 돕기 위해서 앞으로 수업 시간마다 함께 들어올 것이라고 말했다. 강의하는 사람에게는 좀 번거로울지 모르지만 자기 두 사람이 교대로 앞에 나와서 강의를 수화로 통역할 것이니 이해해 달라고 부탁했다.

그 후로 강의를 하는 동안에는 한 사람은 교실 앞 한쪽에 서서 수화로 통역하고 또 한 사람은 학생 옆 좌석에서 노트 필기를 돕고 있었다. 그러다가 한 시간 정도의 전반부 강의를 마치고 짧은 휴식 시간을 가질 때 서로의 임무를 교대하곤 했다.

청각 장애 학생이나 수화로 그를 돕는 두 사람 그리고 강의를 듣는 모든 학생이 그 상황을 받아들이고 소화해 나가는 모습이 아주 익숙하고 자연스러웠다. 나는 강의를 하면서 가끔씩 그 모든 사람의 협조에 의해서 이루어지는 그 과정이 하나의 실내악단이 자아내는 아름다운 앙상블처럼 느껴졌다.

그 후에 나는 또 한 번 장애 학생과 관계된 기억에 남는 경험을 한 일이 있다. 어느 학기 수업에 휠체어를 타고 오는 하반신이 불편한 학생이 있었다. 수업이 있는 날에는 어떤 건장한 청년이 그 학생

토론토 대학교의 교정.

이 탄 휠체어를 밀고 왔다. 그리고 휠체어에 탄 학생이 교실에 자리 잡는 것을 도와주고는 돌아갔다. 그리고 다시 수업이 끝날 무렵에는 미리 교실 밖에서 대기하고 있다가 수업이 끝나자마자 휠체어를 밀고 다음 교실을 향해 부지런히 가곤 했다.

그 청년의 민첩한 행동이나 절도 있는 태도로 보아 사회복지기 관이나 대학 당국에서 훈련을 받은 것으로 짐작이 갔다. 같이 수업 을 듣는 모든 다른 학생도 그 휠체어가 교실에 들어오고 나올 때 길 을 먼저 내어 주는 등 도움을 아끼지 않았다. 장애 학생이 여러 사람 의 이해와 배려 속에서 불편 없이 공부하는 것을 보는 것은 정말 흐 뭇한 일이었다.

그렇게 학기가 시작되어 2, 3주가 지났을까. 휠체어의 그 학생이 어느 날 수업을 마치고는 여느 때와는 달리 교실을 곧 떠나지 않고 머뭇거리면서 나에게 의논할 일이 있다고 말했다. 나는 이미 학생들도 안정되고 수업도 본궤도에 오르고 있는 때라 아마 수업 내용과 관련한 질문이리라고 짐작했다.

그러나 그 학생이 꺼낸 이야기는 전혀 예상 밖의 일이었다. 즉, 자기가 이 과목 수업을 마치고 곧장 다음 강좌가 있는 교실로 가야 하는데 이동 시간인 10분 동안에 그다음 교실로 가기가 힘들다는 것이다. 그래서 이 강좌의 교실을 다음에 자기가 가야 할 교실과 좀 가까운 장소로 옮겼으면 한다는 것이다. 그래서 학교에다 그러한 조치를 해달라고 정식으로 요청할까 생각 중인데 만약 그럴 경우에 이해를 해달라고 말했다.

처음에 나는 그 학생이 '교실을 옮긴다'고 했을 때 그 말이 무엇을 의미하는지 잘 이해하지 못했다. 그 학생은 나에게 장애인들은 학교 당국에 그런 조치를 해달라고 요구할 수 있다는 것을 설명해 주었다. 나는 은근히 놀라기도 하고 좀 당황스럽기도 했다.

그러나 나는 그런 내색을 하지 않고 꼭 그 방법밖에 없다면 당연히 협조해 주겠다고 대답했다. 사실 학생들이 이미 익숙해진 교실을 옮긴다는 것이 여간 번거로운 일이 아니었다. 그러나 다행스럽게도 며칠 뒤에 그 학생이 그 문제를 다른 방법으로 해결했다고 해서 학기 중간에 교실을 옮기는 일을 면하게 되었다. 나는 안도의 한숨을 쉬면서 장애인들이 이처럼 당당하게 자신들의 권익을 주장할 수 있는 제도적인 배려에 다시 한번 놀랐다.

시험 때가 되면 학생처에서 장애 학생들을 위해 배려를 요청하는 편지가 오는 경우가 있다. 즉 당신이 담당하는 반에 있는 어떤 학생이 심신의 사유로 인하여 다른 학생들과 같이 시험을 보기가 불편해서 자기들이 관리하는 특별한 장소에서 시험을 보게 되었으니 협조해 달라는 내용이다.

그리고 시험 치기 전과 시험 친 후에 문제를 어떻게 관리해야 하고, 시험이 진행되는 동안에는 어떤 점을 주의하고 감독을 해야 하는지 등을 지시해 달라는 것이다. 이런 경우 그 사유라는 것은 몸이 불편해서 보통 학생들이 사용하는 의자에 앉아서는 장시간 시험을 볼 수 없다든지, 필기하는 데 문제가 있어서 다른 사람의 도움이 필요하다든지, 심리적인 문제로 혼자 따로 시험을 쳐야 한다든지 하는 것을 말한다. 그리고 사려 깊게도 편지 말미에는 당사자인 학생에게는 왜 그런 특별한 조치가 필요한지 그 이유는 묻지 말아 달라는 부탁이 첨가되어 있었다.

이런저런 이유로 '선진국', '후진국'이라는 이름으로 나라를 분류한다는 것은 별로 마음에 드는 일이 아니다. 그러나 '선진국'이라는 말을 문자 그대로 어떤 분야에서 '앞서가는 나라'라고 해석한다면, 캐나다 사회에서 이루어지는 장애인에 대한 배려를 보고 이 나라를 선진국이라 부르는 데는 조금도 인색할 필요가 없을 것이다.

(1995. 3.)

어머니의 초상화

대학을 졸업하고 처음 교편생활을 시작한 곳이 여학교였다. 나는 대학 재학 중에 군대를 다녀왔다. 그래서 졸업하자마자 취업을 했는데 그때 내 나이가 27세였다. 꼭 교사가 되겠다고 사범대학을 간 것도 아니었기 때문에 대학을 졸업하면서도 신문 기자를 해볼까 하는 생각도 잠시 해보았다. 지금은 사정이 많이 달라졌다고 하지만 그 당시만 해도 한국에서 신문 기자란 직업은 안정된 직업이 아니었다. 신문 기자란 사회의식이 투철한 사람들이 어떤 사명감을 갖고 뛰어드는 직업처럼 느껴져서 나같이 보헤미안 기질을 가진 사람에게는 힘든 직업이 될 것 같았다.

어쨌든 나는 어름어름하다가 교단에 서게 되었다. 그러나 총각 선생으로 여자고등학교 교단에 서게 되니 모든 게 조심스러웠다.

교실에 들어가면 한창 감수성이 예민한 10대 소녀들이 낯선 세계에 들어와 어리벙벙한 젊은 남자 선생에 대해서 대단한 호기심을 가지고 대했다. 나는 그들의 세계가 보여 주는 순수함과 발랄함에 감탄했다.

나는 국어 선생이었으니까 당연히 수업 시간에 하는 많은 이야기가 우리의 삶에 대한 이야기이고 문학에 대한 이야기였다. 수업 시간에 학생들은 모든 이야기를 물을 먹는 솜처럼 받아들이고 또 그들의 솔직한 감정을 여과 없이 표현했다. 학교에 가는 것이 일하러 간다는 생각이 들지 않고 소풍을 간다는 생각이 들 정도로 하루하루가 재미있었다.

그렇게 두어 달쯤 지났을까. 내 교편생활에서 쉽게 잊히지 않는 일이 하나 일어났다. 생각하기에 따라선 대단한 일이 아닐 수 있었지만 교편생활을 시작하는 나에게는 큰 충격이었다. 그날은 '어머니날'이었다. 학교에서는 어머니날을 기념해서 전교 행사로 수업 첫 시간에 각 반에 들어가는 선생님들에게 담당 과목의 수업을 하는 대신에 학생들이 어머니의 얼굴을 그리거나 어머니에 대한 글을 짓는 행사를 진행하게 했다. 나는 마침 첫째 시간에 수업이 없어 교무실에서 지내고 있었는데 어느 반에서 소동이 나서 그 담임 선생님이 반으로 올라가고 야단이었다.

나중에 그 사건의 전말을 들으니 다음과 같은 것이었다. 그 반에서 어머니날 행사를 진행하던 선생님은 마침 독일어를 가르치는 분이었는데 학생들이 어머니의 얼굴을 그리고 글을 짓고 하는 동안에 학생들 사이를 왔다 갔다 하다가 한 학생을 주목하게 되었다는 것이다. 그 학생은 도화지에 어머니 얼굴을 그리는 것 같았는데 가까이 가보니 그 학생은 얼굴을 그리다 말고 그 위를 연필로 계속 지우고 있더라는 것이다.

그래서 그 선생님이 아무런 생각 없이 반은 농담 삼아 "너는 왜 엄마 얼굴에 황칠을 하고 있냐? 넌 엄마가 싫으냐?" 하고 말을 건넸다는 것이다. 그러자 그 말을 들은 그 학생이 갑자기 울기 시작했다는 것이다.

뜻하지 않은 사태에 당황한 선생님은 "왜 울어? 응 왜 그래?" 하며 달랬지만 학생은 울음을 그치지 않다가 자꾸 재촉하자 마침내 입을 열어 "얼굴도 생각나지 않는 엄마를 어떻게 그려요?! 응, 어떻게 그리라고 해요?" 하면서 대성통곡을 하더라는 것이다.

후에 담임 선생님한테 이야기를 들으니 그 학생은 아주 어렸을 때 어머니를 여읜 학생이었는데, 그날 그 사정을 모르는 다른 선생님이 무심코 던진 "넌 어머니가 싫으냐"라고 한 말에 그동안 쌓이고 쌓였던 설움이 폭발했다는 것이다. 그렇지 않아도 어머니를 잃은 아이가 어머니날을 맞이하는 심정이 오죽 착잡했으랴.

나는 그 사건을 통해서 갑자기 교단에 서는 일이 만만치 않다는 것을 느꼈다. 애초에 무슨 사명감을 가지고 시작한 교편생활이 아니고 엉거주춤하다가 시작한 것이긴 하지만, 가정환경도 다르고, 살아온 과정도 다르고, 성격도 다른 여러 학생 앞에서 다양한 주제의 이야기를 하는 게 얼마나 조심스러운 일인가 하는 것을 깨닫게 해 주었다고 할까. 혹 무심코 던진 한마디가 어느 학생의 마음에 본의 아니게 상처를 줄 가능성을 생각하면 두려웠다.

그렇지 않아도 여러 가지로 부족한 사람이 어찌 남을 '가르치는' 선생을 할 것이냐고 교단에 선 자신을 스스럽게 생각하던 시기였다. 그 에피소드를 통해 나는 우선 교실 안에서 학생들을 상대로 이야기할 때는 말하는 내용 때문에 어느 누가 다치는 일이 없도록 각별히 조심해야겠다고 마음먹게 되었다. 소중한 교훈이었다.

그러나 어찌 알랴. 내가 아무리 조심했다고 하더라도 지난 수십 년 동안의 교편생활을 통하여 본의 아니게 내가 던진 말에 어느 학생이 상처받았을 수도 있을 것이다. 그런 학생이 있었다면 그저 너그럽게 용서해 주기만을 바랄 뿐이다.

(2005. 1.)

안동역에서

첫눈이 내리는 날 안동역 앞에서 만나자고 약속한 사람,

새벽부터 오는 눈이 무릎까지 덮는데,

안 오는 건지 못 오는 건지 오지 않는 사람아……

　　한국에서 유행하는 노래 〈안동역에서〉의 가사다. 타국에서 듣는 모국의 유행가는 단순한 유행가가 아니다. 때로는 노래 가사가 옛 기억을 불러일으켜서 감상에 젖게 한다.

　　이 노래 가사를 내가 듣자마자 떠올린 것은 옛 친구 K였다. 나는 10대 후반에 서울에서 그를 처음 만났다. 안동에서 태어나서 죽 고향에서 자랐다는 그는 투박한 사투리를 썼으며, 키가 자그마하고 햇볕에 그을린 얼굴은 가무잡잡했다. 나는 그를 보자 두고 온 내 고

향 친구 하나를 만난 듯 금방 친근감을 느꼈다.

　대학 입학시험을 얼마 앞둔 시기였던 것 같다. 그는 방학이 되어 집으로 내려가면서 나에게 안동으로 놀러 오라고 했다. 내가 약속한 날짜에 안동역에 내리자 한산한 기차역 한 모퉁이에서 그가 씩 웃으며 나타났다. 나는 며칠 안동 주변을 구경했는데 몇 가지 장면은 지금도 생생하게 기억한다.

　우리는 안동에서 좀 떨어진 산촌에 있는 그의 친구 집을 찾아가기로 했다. 한나절 산길을 오르내려서 땅거미가 질 무렵에 우리는 마침내 야트막한 산마루를 내려가고 있었다. 갑자기 어디선가 솔잎 타는 냄새가 났다. 내가 "솔가지 타는 냄새가 나네!" 하자 K는 "그 친구 집에서 나는 거야" 하며 우리가 걷고 있는 숲길 너머에 집이 보이는 듯한 표정을 지었다.

　나는 그 집이 바로 가까이 있는 줄 알았는데 거기서도 한참 걸어가서야 숲속 길이 끝나고 그 친구 집이 나타났다.

　앞마당 한구석에 수북이 쌓여 있는 솔가지에서는 아직도 푸른 연기가 솟아오르고 있었다. 나는 우리가 그 집에서 그렇게 멀리 떨어진 곳에서 솔잎 태우는 냄새를 맡을 수 있었던 게 신기하게 여겨졌다. 그날 저녁 우리는 진흙 온돌방에서 솔가지로 구워 온 감자와 옥수수를 먹으면서 새벽녘까지 이런저런 이야기를 나누었다.

　내가 안동에서 머무는 동안 우리는 주위에 있는 몇 개의 산사를 찾기도 했는데, 특히 신라시대 고운(孤雲) 최치원이 창건했다는 고운사의 고즈넉한 모습이 인상에 남아 있다.

우리는 시골 장터를 어슬렁거리기도 하고 낙동강 줄기를 따라 무작정 걷기도 했다. 스무 살을 눈앞에 둔 우리는 10대의 마지막 고개에 있었고, 대학 입학시험을 목전에 두고 있었다. 그때 우리는 희망보다 불안과 갈등에 더 사로잡혀 있었던 것 같다.

그리고 세월의 흐름을 따라 우리는 대학 생활과 군대 생활을 거쳐 각자 사회생활을 시작했다. 대학 전공도 다르고 졸업 후 직장도 달랐지만, 우리는 항상 서로 소식을 궁금해했고 또 가끔 만나서 안부를 확인했다. 그는 세월이 흘러도 전혀 변함없는 사람이어서 오래간만에 만나도 수줍은 듯 한 번씩 웃는 게 반갑다는 표시의 전부였다.

직장 생활을 몇 년 하고 나는 캐나다로 이주했다. 내가 몇 년에 한 번 고국을 방문할 때마다 우리는 어김없이 만났다. 술을 거의 못하는 나에 비하면 그는 술을 많이 마시지는 못해도 술잔을 앞에 놓고 허심탄회하게 이야기를 나누는 분위기를 좋아했다.

어느 해, 나는 그가 뇌졸중으로 쓰러졌다는 소식을 들었다. 그해 여름 내가 한국에 왔을 때 그는 많이 회복되었다고 하는데도 한쪽 다리를 상당히 절고 있었다. 그는 나를 보자 여전히 며칠 전에 본 사람처럼 씩 웃었으나 오랜만의 해후를 정말 반가워했다. 그리고 자기는 열심히 운동하고 있으니 곧 괜찮아질 거라고 말했다. 그는 마치 자기가 잘못해서 그렇게 된 것처럼, 가족과 친구들을 걱정하게 해서 면목이 없다고 했다.

그러나 나는 몇 년 후 그가 다시 쓰러져서 이번에는 전신마비에 말도 못 하게 되어 병원에 장기 입원해 있다는 소식을 들었다. 나는 한국에 도착하자마자 그가 입원해 있는 병원을 찾아갔다. 접수실에서 물어 그의 병실을 찾았을 때 침대에 누워 있는 그의 옆에 마침 그의 아내가 앉아 있었는데, 내가 병실을 막 들어서자 그는 나와 눈이 마주쳤다.

그는 나를 보자 움찟 놀라면서 동공이 잠시 커지는 듯했다. 다음 순간 그는 얼굴이 붉게 상기되며 얼굴을 좌우로 심하게 흔들기 시작했다. 그의 두 눈에서는 굵은 눈물이 쏟아졌고 침대보로 덮인 몸까지 심하게 흔들렸다. 그는 나에게 온몸으로 이야기하고 있었다. 나는 달려가 그의 가슴을 얼싸안고 눈물을 쏟았다. 나는 아무 말도 할 수 없었다.

그의 아내는 남편이 쓰러진 뒤 이렇게 온몸으로 격렬하게 감정을 표현하는 것을 처음 보았다고 했다. 그가 얼마나 많은 이야기를 나에게 하고 싶었는지 나는 짐작하고도 남았다.

나는 그의 두 손을 잡고 한마디 말도 못 하고 어깨를 들썩이는 그에게 시간이 가면 조금씩 회복될 거라고 위로했지만, 어떤 말도 그에게는 위로가 되지 않으리라는 걸 잘 알고 있었다. 나는 그 상황에서 아무것도 도울 수 없는 무력함에 억장이 무너졌다.

내가 캐나다로 돌아온 지 몇 년 되지 않아 K가 세상을 떠났다는 소식을 들었다. 어릴 적 소꿉장난 친구였던 그의 착한 아내는 전신 마비의 남편을 수년 동안 정성으로 보살폈지만 전혀 차도를 보이지 않았다고 한다.

이제 그가 떠난 지도 20년이 가까워 온다. 웬일인지 내가 그를 생각할 때마다 떠오르는 그의 모습은 성인이 되어 만나던 모습이 아니고, 10대일 때 안동역 한 모퉁이에서 씩 웃으며 나타나던 정겨웠던 모습이다. 아마 그것이 내가 기억하는 그의 가장 소박하고 진솔한 모습이었기 때문이 아닌가 한다.

고국에서 맺은 여러 인연도 세월 따라 자꾸 엷어져 가니 앞으로 내가 다시 안동에 갈 일은 없을 것 같다. 그러나 혹시라도 내가 안동역에서 다시 내리는 날이 있으면 그 옛날 씩 웃으며 나타나던 K의 모습을 떠올리고 그리워할 것이다.

(2019. 9.)

보초와 '동백아가씨'

어느새 연말이 되고 보니 동창회다 뭐다 해서 여러 가지 망년(忘年) 모임이 있다. 또 한 해가 그렇게 흘러갔는가. 시간이 없었는지, 마음의 여유가 없었는지, 사람들과 어울려 노는 시간도 제대로 갖지 못하고 또 한 해를 보냈구나 하는 아쉬운 마음에 연말 모임에는 될 수 있는 대로 참석하려고 한다.

요즈음 그런 모임에 가면 식사를 하고 가라오케에 맞추어 노래하는 경우가 많다. 사실 모처럼 만든 그런 자리에서 굳은 표정으로 앉아 있을 필요가 뭐 있겠는가. 허심탄회하게 이야기도 나누고 또흥이 나면 노래도 부르는 것이 정신건강에도 좋을 것이다.

나는 아는 노래가 많지 않아 노래를 불러야 할 차례가 되면 선뜻떠오르는 노래가 없다. 그러나 내가 사람들 앞에서 한 번도 불러 본

적은 없지만 그런 자리에서 항상 생각나는 노래가 〈동백아가씨〉라는 유행가다.

아마 한국 사람으로 유행가에 조금이라도 귀를 기울여 본 사람이라면 이 노래를 모르는 사람은 거의 없지 않을까 한다. 이 노래가 크게 유행한 것은 1960년대 중반이라고 생각하는데, 한동안 어디를 가나 길거리에서 이 노래를 쉽게 들을 수 있었다. 그런데 나는 지금도 〈동백아가씨〉를 들으면 한순간 감상에 젖는 때가 있다. 그것은 내가 이 노래와 관련해서 무슨 로맨틱한 사연이 있어서가 아니고, 다만 이 노래와 관련한 에피소드 때문이다.

1960년대 중반, 몇 년의 방황 끝에 들어간 대학교는 계속되는 데모로 걸핏하면 휴강이었다. 그런 가운데서도 우리 동기들은 문학 동인지도 만들고, 며칠에 한 번씩 술자리에서 밑도 끝도 없는 이야기로 열을 올리기도 했다. 그러고도 열정이 넘쳐 자꾸 허망해했다. 아, 그때는 이런저런 문제를 가지고 번민을 거듭했지만, 30여 년이 지난 지금 생각해 보면 참 꿈과 정열이 넘치던 시절이었다.

어쨌든 나는 한 학기만 마치고 그해 가을 느닷없이 입대를 했다. 그렇게 갑자기 논산훈련소에 들어가 보니 낭만이 넘치던 대학 신입생 생활과 서슬이 퍼런 훈련소 생활은 극과 극이었다. 훈련소에서 '민간인'을 '군인'으로 만드는 과정은 참 놀라웠다. 일반적으로 한국 남자들은 평생을 통하여 군대 이야기를 많이 듣고 살지만, 입대할 때 나는 갓 스물이었으니 그때까지 내 주위에 있는 사람들에게 군대 생활에 관한 이야기를 들어 본 적이 거의 없었다. 그저 전쟁 영화를 통해서 군대 생활이 대강 그럴 것이라고 짐작만 했을 뿐이었다. 나는 몽고메리 클리프트(Montgomery Clift)가 나오는 〈지상에서 영원으로〉라는 군대 생활이 배경인 영화를 아주 좋아했는데, 그것을 여러 번 보고 군대에 가게 되면 장교로 가지 말고 사병으로 가야겠다고 마음먹었을 정도로 그때의 나는 지극히 관념적이었다.

그런 나는 훈련소에 들어가서 2~3분 동안에 밥을 먹고, 순식간에 완전무장을 하고, 선착순으로 모이고 뛰고 하는데 영 질려 버렸다. 나는 내가 뭘 잘못 계산해도 대단히 잘못 계산했다고 느꼈지만 이젠 뒤로 물러설 수도 없었다. 그때 꽤 유식한 교관 한 명이 정신교육 시간에 사람처럼 길 잘 드는 동물도 없다고 했던 말처럼 나도 몇 주가 지나지 않아서, 군대에서 흔히 사용하는 용어로 '군인정신이 충일(充溢)한 군인'이 되어 가고 있었다.

하루 종일 훈련을 하고, 밤에는 정성스럽게 총을 반들반들하게 닦고, 또 무엇 하고 무엇 하고, 마침내 일석점호를 마치고 나서 "취침!" 하는 소리를 복창하고 나면 담요를 목까지 채 끌어올리기도 전에 잠에 곯아떨어졌다. 그러나 자다가는 또 교대로 보초를 서야 하는 고달픈 나날이었다.

그러던 어느 날 밤이었다. 자다가 눈을 비비며 보초를 서러 밖으로 나오니 날씨는 추운데 진눈깨비마저 흩날리고 있었다. 그런데 어디선가 스피커를 통해서 유행가가 들리는 것이 아닌가. 그것은 그 당시 한창 유행하던 이미자의 〈동백아가씨〉였다. 가만히 귀를 기울이니 그 노랫소리는 철조망 바깥에서 들려오고 있었다.

몇 개의 전등이 부대 막사 사이를 희미하게 비추고 있을 뿐 철조 망 바깥은 캄캄했다. 소리가 나는 방향으로 자세히 살펴보니 그것 은 부대에서 그리 멀지 않은 빈터에 있는 커다란 천막에서 나오는 소리였다. 아마 무슨 유랑극단이나 서커스단인 것 같았는데, 공연 이 끝난 뒤에도 그냥 노래를 스피커에 걸어 놓은 모양이었다.

그 무렵에 〈동백아가씨〉가 워낙 유행했기 때문에 나도 입대하기 전에 그 노래를 여러 번 들은 적이 있었다. 그러나 그때까지는 그저 꽤 구성진 유행가라고만 느꼈지 유심히 들어 본 적이 없었다. 그런 데 얼어붙은 밤하늘에 차가운 바람을 타고 들려오는 〈동백아가씨〉 는 길거리에서 듣던 그런 유행가가 아니었다. 그것은 정말 특별한 감회를 불러일으켰다. 게다가 그 〈동백아가씨〉는 끝나면 반복되고 또 반복되었다.

"헤일 수 없이 수많은 밤을 내 가슴 도려내는 아픔에 겨워 얼마나 울었던가……" 나는 어깨에 멘 총을 부여잡고 눈 내리는 캄캄한 밤 하늘을 응시하면서 그 노래를 듣고 또 들었다. 그런데 그렇게 그 노 래를 계속 듣다 보니 몇 주 동안 계속된 고된 훈련을 받으면서 마른 논바닥처럼 메말랐던 감정이 다시 촉촉이 젖는 걸 느낄 수 있었다.

내가 〈동백아가씨〉에 대해서 갖는 특별한 감상은 아마 그날 밤에 결정(結晶)되었던 것 같다. 왜냐하면 그 후에 내가 제대하고 많은 세월이 흐른 뒤에도 그 노래를 들으면 언제나 그날 밤의 처연한 느낌이 선연하게 떠오르기 때문이다. 그렇게 해서 〈동백아가씨〉라는 유행가는 나에게 한편으로는 한없이 어수선하기도 하지만 설익은 과일처럼 풋풋하던 젊은 날의 잔영(殘影)으로 남았다.

(1998. 12.)

흐르는 시간에 대하여

새 밀레니엄을 맞이하며

— P 선생님에게 —

보내 주신 신년수첩을 며칠 전에 잘 받았습니다. 작년 말에 낡은 수첩의 마지막 장을 넘기며 '이렇게 해서 또 한 해가 가는구나' 하는 감회와 함께 이제는 더 쓸 여백이 없는 수첩을 보면서 순간적으로 난감하게 느꼈던 적이 있습니다. 그리고 예년 같으면 신년이 시작되자마자 새 수첩을 구했을 터인데 이번에는 차일피일하고 낡은 수첩을 그냥 가지고 다니고 있었습니다. 보내 주신 수첩은 앞으로 한 해 동안 잘 쓰겠습니다.

새해가, 지난 일 년 동안 그렇게도 떠들썩하게 기대하던 새 '밀레니엄'(millennium), 2000년이 드디어 시작되었습니다. 하염없이 흐르는 시간에 무슨 금을 그어 놓은 것도 아닌데 온 세상이 좀 지나치게 야단법석을 떨었다는 느낌이 듭니다. 해가 바뀔 때면 항상 그렇듯이, 섣달그믐날 밤 자정에서 새로운 해로 바뀌는 순간에 우선 다가오는 느낌은 준비 없이 또 새로운 장(場)으로 밀려 나가는구나 하는 것입니다. 더 자세하게 말하면 지금까지 해오던 일이 채 매듭이 되지 않은 상태에서 새로운 시작을 강요받는 느낌이라고 할까요.

어렸을 때부터 '새해'라고 하면 어제까지의 '헌'것은 버리고 아주 '새로운' 마음으로, 아무것도 적혀 있지 않은 백지와 같은 '깨끗한' 마음으로, 그래서 지금까지와는 전혀 다른 '새로운 출발'을 하는 것이라는 관념을 은연중에 계속 주입받았기 때문에 그런지도 모르지요.

그래도 저는 '日日新又日新'(날마다 새롭고 또 날마다 새롭다)이라는 말을 참 좋아합니다. 이 말에서는 타성에 익숙해진 대로 살려는 정신적 나태함을 뿌리치고 조금이라도 새로워지겠다는 의지가 소중하게 느껴집니다. 아주 오래전에 읽었던, "바뀌지 못하는 생각은 멸망하게 되어 있다. 그것은 탈피(脫皮)하지 못하는 뱀이 죽는 것과 같다"라는 말을 떠올리면서 금년에는 좀 새로운 생각도 하고 또 새로운 일도 생겼으면 합니다.

금년에는 어디 멀리 여행이라도 하실 계획이 없으신지요? 그래서 캐나다도 그 여정 속에 넣으실 수 없으신지요? 아무쪼록 선생님 주변에 새로운 일, 즐거운 일, 보람 있는 일들이 많이 생기기를 기원합니다.

(2000. 1.)

나이를 먹는다는 것

하늘의 무지개를 바라보면 내 가슴은 뛰네.

내 어렸을 적에 그리하였고

내가 어른이 된 지금도 변함이 없거늘

내가 늙어서 만약 그렇지 못하게 되면 차라리 죽게 하라.

윌리엄 워즈워드(William Wordsworth, 1770-1850)의 이 시 구절을 사춘기에 읽으면서 하늘의 무지개를 보고도 가슴이 뛰지 않는 무덤덤한 나이가 되기 전에 죽으리라고 생각한 적이 있었다.

공자의 《논어》에 나오는 '사십이불혹'(四十而不惑)을 내 마음대로 해석하면서, 주위를 돌아보지 않고 그저 한 길만 터벅터벅 걸어가야 하는 때가 오면 그 무미(無味)한 삶을 어떻게 할까 하던 정열이 넘치던 20대 시절도 있었다.

그러다가 얼결에 서른이 되었으나 나의 30대는 공자가 말한 '서른 살에 뜻을 세웠다'(三十而立)는 엄정(嚴正)한 경지하고는 거리가 멀었다. 그 30대 초반을 지금 생각해 보면 정말 무모하게도 아무 대책도 없이 모험심 하나만 가지고 가족을 이끌고 외국 땅으로 건너 왔으니 말이다.

그리고 어물어물하다 보니 어느 날 40대가 된 자신을 발견하게 되었다. 젊은 시절에는 먼 훗날 불혹의 40대가 되면 꿈과 욕망도 사라져서 오늘도 어제 같고 내일도 오늘 같은 그 '평정'(平靜)의 삶을 어이 감당할 것인가 했는데, 실제로 마흔이 되고 보니 불혹은커녕 순수와 정열이 사라진 40대는 헛된 욕심과 번뇌만 더 많아지는 것이 아닌가 하는 생각이 들었다. 공자가 말한 '사십이불혹'은 우리 같은 범인(凡人)이 도달할 수 있는 경지가 아니어서 나는 자신의 분수도 모르고 쓸데없는 걱정을 한 셈이다.

어렸을 때는 어른의 세상은 철없는 어린아이들의 세계와는 판이한 형상을 지니고 있으리라 믿었다. 그러나 나이를 먹으면서 그리고 이 세상을 살아갈수록 어른들의 세계도 어린아이들 세계와 그리 멀지 않다는 것을 깨닫게 되었다. 평범한 우리의 일상생활뿐만 아니라 보기에 따라선 대단히 심오한 영역도 그 근본에서는 어린아이들이 생각하는 틀에서 그렇게 벗어나지 않는다는 생각을 자주 하게 된다.

그러나 그렇다고 그렇게 실망할 필요는 없을 것 같다. 어린아이와 같다는 것이 어리석음만을 의미하는 것이 아니고 한편으로는 커다란 축복으로도 인식될 수 있으니까 말이다. 그러기에 워즈워드는 다음과 같이 그의 시를 맺고 있지 않은가.

어린아이는 어른의 아버지……,
바라옵건대 나의 나날이 자연에 대한 경외로 채워지기를.

시인의 예지(叡智)는 시간과 공간을 넘어 우리를 일깨우고 인도한다.

(1997. 6.)

'산 자'와 '죽은 자'

우리는 어린 시절부터 이기느냐 지느냐가 중요한 문화 속에서 살아왔다. 코흘리개들이 골목길에서 갖가지 놀이를 할 때도 그랬고, 학교에 가서도 누가 이기느냐는 중요한 문제였다. 끝없는 경쟁만 강요되던 우리의 교육 환경은 승자와 패자의 느낌을 하루도 잊지 않게 만들었고, 학교에서 배우는 역사라는 것도 승자와 패자가 나뉘는 이야기의 연속이었다.

이긴다는 것은 모든 사람의 갈채와 부러움을 받는다는 것이었고, 진다는 것은 모든 사람으로부터 버림받는다는 것이며 수치스러운 것이었다. 그러나 세상을 조금씩 알아가던 소년 시절에는 이런 이야기도 주고받았던 것 같다. "너는 복싱 경기를 구경할 때 때리는 놈을 보냐? 얻어맞는 놈을 보냐?" "때리는 놈에게만 시선이 가면 넌 아직 철이 덜 든 거야" 하고.

어른이 되어서도 '이기느냐, 지느냐?'에만 모든 노력과 관심을 집중하는 사람들이 있다. 그들의 인생 최대 관심사는 '승리하는 것'이다. 학교에서도 '승리자'가 되어야 했던 것처럼, 사회에서도 '승리자'가 되고 싶은 것이다. 그래야 '인생의 승리자'가 된다고 생각한다. 그들의 욕심은 거기서 그치지 않는 것 같다. 그들은 저세상에 가서도 '승리자'가 되겠다고 한다. 무지(無知)가 용맹이라고 했던가. 정말 '이기는 것'이 이기는 것이고 '지는 것'이 지는 것인가.

젊은 시절에 사회의식을 키우면서 세상은 '가진 자'와 '못 가진 자'로 자연스럽게 나뉘었다. 부(富)나 권력을 가진 자들은 위세를 부리며 호기롭게 살고 있었고, 그 다른 한쪽에는 갖지 못한 사람들이 궁핍과 무력함 속에서 고통을 받고 있었다. 젊음의 순수한 열정 때문이었을까. 가진 자들을 무조건 탐욕스럽고 무지한 사람들로 매도하려고 했고, 못 가진 자들은 불운하고 착한 사람들이라고 생각하려 했다. 가진 자는 관념적으로 타기(唾棄)하고 투쟁해야 할 대상이었다. 그러나 실제로는 그들이 여유를 가지고 인생을 즐기고 음미하고 있는 것처럼 보였다. 의식적으로 못 가진 자들 쪽에 서려고 했지만, 그것은 고통스럽고 또 불편한 일이었다. 그래서 '우리 편'과 '저편'을 많이 생각하던 시절이라고 할까.

불혹(不惑)의 나이를 넘었다고 놀라던 것이 그렇게 오래전의 일이 아닌 것 같은데, 내일모레가 이순(耳順)이다. 주위에 아는 사람들이 하나둘 세상을 떠난다. 가까운 친구가 아니면 그들의 배우자가 세상을 떠나는 일이 생긴다. 그들이 살아 있을 때, 희구하고 노력하고 애를 태우고 또 때로는 몸부림치던 일들을 생각하면 가슴이 아프다. 그 절절(切切)한 삶이 흔적도 없이 사라진 것을 생각하며 그들이 살아 있을 때 쏟아붓던 모든 노고의 허망함을 느낀다.

사람들은 삶의 허망함을 이야기하면서 동시에 죽음의 두려움을 이야기한다. 그러나 생각해 보면 죽음에 대한 느낌과 이해도 아직 죽지 않고 살아 있는 산 사람의 몫이다. 죽음 저쪽에서는 아무 이야기도 나오지 않는다. 삶과 죽음 사이에는 넘나드는 길이 없어 어느 인간도 죽음에서 되돌아와 죽음의 본질을 이야기해 준 적이 없다.

인류 역사 이래로 수많은 지아비와 지어미가 눈을 감으면서, '내가 죽으면 저 자식들을 어떻게 하느냐'고 애를 태웠지만, 그 자식들은 굳건하게 살아남아 인류의 맥을 이었다. 뒤에 남은 사람들은 슬픔의 순간을 넘기고 그 죽은 사람들이 살아 있을 때와 다름없이 또 열심히 산다. 그래서 "죽은 사람은 죽은 사람이고 산 사람은 어떻게든 산다"고 했던가.

살다가 보면 '이긴 자'와 '진 자'의 구분도, '가진 자'와 '못 가진 자'의 구분도 퇴색하고 결국은 '산 자'와 '죽은 자'의 구분만이 남는 것인가.

(2002. 4.)

흐르는 시간에 대하여

해가 바뀌었다.

그러나 해가 바뀐다고 전과 다른 전혀 새로운 세계가 열리는 것은 아니다. 흐르는 시간에 누가 금을 그어 놓았는가. 그저 하염없이 흐르는 시간 속에 인간들이 정해 놓은 하나의 매듭이 바뀐 것이다.

이번에는 새로운 천년이 시삭된다고 더욱 부산스럽다. 매스컴에서는 작년 내내 '새로운 밀레니엄'(새천년)이 열린다고 떠들썩했다. 그러나 천년의 기점을 언제로 잡느냐에 따라서 그 '밀레니엄'은 더욱 일찍 올 수도 있었고 또 늦게 올 수도 있었다.

우주의 나이는 138억 년이 된다고 하지만 인류의 문화사는 수천년을 넘어서지 못한다. 그동안 인간의 지혜가 발달하여 꽤 많은 사실이 밝혀진 것 같지만, 그 아득한 시절에 우주가 시작되고 나서 유

구한 세월이 흐르는 동안에 구체적으로 어떠한 일들이 있었는지 잘 알지 못한다.

작년 말 유럽 어느 나라의 경찰 당국이 새로운 천년이 시작된다고 '성지'에 집결하여 집단적으로 자살하려던 광신도들을 체포해서 국외로 추방했다는 보도를 들으면서 우리는 앞으로도 오랫동안 이와 같은 무명(無明)과 맹신(盲信) 속에서 부침(浮沈)을 계속하게 될 것이란 생각을 하게 된다. 그러나 이렇게 막막(寞寞)한 시간 말고 인간적인 시간을 생각해 보는 것도 좋지 않은가.

흐르는 시간처럼 공평한 것이 있을까. 세월이 가는데 어떤 사람은 늙고 어떤 사람은 늙지 않는다고 상상해 보라. 이 얼마나 불공평할 것인가. 그러나 권세도 재물도 흐르는 시간을 막지 못한다. 흐르는 세월은 꽃 같은 소녀를 백발 노파로 만들고 패기와 정열이 넘치던 청년을 무기력하고 초췌한 늙은이로 만든다. 시간은 이 세상의 모든 것을 변하게 하고, 그리고 마침내 사라지게 한다.

현실의 모순에 절망하는 사람들,
불의를 보고 분노하는 사람들,
삶의 무게 때문에 번뇌하는 사람들,
일상의 고통 때문에 괴로워하는 사람들은 다음의 경구(警句)를 마음에 새기자.

"시간이여, 맹위(猛威)를 떨쳐라! 그리하여 무가치한 것들을
아낌없이 장사(葬事)지내라!"

그리하여, 시간보다 엄중하고 소중한 것이 있는가.
미래는 순식간에 다가오고, 현재는 연기처럼 사라진다. 진정 시
간만이 무엇하고도 바꿀 수 없는 가치의 본질인 것을 우리는 왜 그
시간이 가기 전에 깨닫지 못하는 것일까.

For yesterday is but a dream

and tomorrow is only a vision

But today well lived makes

every yesterday a dream of happiness

And every tomorrow a vision of hope

Look well, therefore, to this day!

Such is the salutation to the dawn.

어제는 꿈에 지나지 않고

내일은 환상(幻想)일 뿐

그러나, 충실하게 지낸 오늘은

어제를 행복한 꿈이게 하고

내일을 희망이 넘친 환상이게 한다.

그대여, 오늘을 인식하라!

그리하여, 밝아오는 새벽을 향하여 인사를 하라.

　　　　　　 — 칼리다사의 〈새벽에 바치는 인사〉 중에서

(2000. 1.)

과거로 가는 여정

작년에 본격적인 여름이 막 시작되기 직전이었던 것 같다. 밤늦게 전화벨이 울렸다. 전화를 받은 아내는 수화기를 나에게 건네주면서 "어떤 여잔데, 한국이라고 하네, 빨리 받아 봐요" 한다.

내가 전화를 받자 저쪽에서는 나라는 것을 거듭 확인하고는 몹시 흥분된 목소리로, "선생님, 저 S예요! 기억하시겠어요? 저, Y중학교 2학년 때 제가 선생님한테 국어를 배웠잖아요! 선생님, 저를 기억하시지요?"라고 말했다. 상대편이 그렇게 말하니까 그가 옛날 내 제자 중의 하나라는 것은 짐작하겠는데, 난처하게도 나는 그가 누구인지 전혀 기억할 수 없었다.

Y중학교는 내가 30년 전에 처음 교편생활을 시작했을 때 잠시 근무한 학교였다. 나는 그때 사범대학을 금방 졸업한 병아리 선생

이었다. 그래서 그 학교에서는 담임을 맡은 것도 아니었고 그저 국어를 가르치는 교사로 하루하루 새로운 일에 적응하느라고 정신없이 지냈다. 어수선한 가운데 그 시절이 지나가 버렸기 때문인지, 아니면 뭐 특별히 기억할 만한 사건이 없어서 그랬는지, 그 기간의 일은 나에겐 오랫동안 망각의 세계에 속해 있었다.

그렇게 오랜 시간이 흐른 뒤에 불쑥 나타난 당시의 제자를 나같이 건망증이 심한 사람이 기억해 낸다는 것은 거의 불가능한 일이었다. 융통성이 없는 나는 "아, 그런가? 반갑네, 글쎄, 너무 오래돼서…… 생각을 좀 더듬어 보면 생각이 나겠지……." 그렇게 우물우물 응답하고, "그건 그렇고, 나를 어떻게 찾았는가?" 하고 물었다.

S라는 제자는 내가 한국에서 근무했던 학교들을 추적해서 나를 찾았던 이야기를 했다. 그리고 마침내 아직까지 나와 희미하게 연결되고 있는 어느 선생님을 통해서 내가 캐나다에 살고 있다는 것을 알게 되었고 전화번호까지 알게 되었다고 말했다.

나는 그 옛날 내가 가르쳤던 단발머리 어린 소녀들을 머릿속에 그리면서, "그렇구나! 참, 옛날 일이지. 그러면 지금 자네는 몇 살인가?" 하고 무심코 물었다. 그러고는 속으로 아무리 제자지만 그래도 여자 나이를 괜히 물었나 하고 생각하는 중인데, 저쪽에선 지체 없이 "선생님, 저는 지금 마흔한 살이에요" 하고 대답을 하는 것이 아닌가. 아아, 그렇게 세월이 흘렀는가.

그리고 열흘도 채 되지 않아 나는 S의 편지를 받아 볼 수 있었다.

그의 편지는 아득한 중학 시절에 대한 회상과 우여곡절 끝에 나를 찾을 수 있게 되어 얼마나 기쁜지 모른다는 이야기로 가득 차 있었다. 그러나 선생님은 이렇게 먼 이국땅에 살고 계시니 언제 다시 만나 뵐 수 있겠느냐는 안타까움으로 편지를 맺었다.

내가 그 편지를 받았을 때는 불과 몇 주일 후에 한국에서 열리는 학회에 참석하기 위해서 한국행 비행기 표를 이미 예약한 상태였다. 그래서 편지를 읽자마자 곧장 전화를 걸어 "S야, 우리 몇 주 안에 만날 수 있어!"라고 하니 그는 뛸 듯이 기뻐했다. 나 역시 그렇게 오랜 세월 동안 나를 기억해 준 제자를 만나게 된다는 것에 기대감이 커졌다.

나는 두어 주일 후 한국에 도착해서 곧 S에게 연락했고 그다음 날 저녁에 우리는 만나기로 약속했다. 더욱 의외의 일은 S가 옛날 중학 시절에 같은 책상에 나란히 앉아 나에게 국어를 배웠던 친구 T와 함께 나오겠다고 한 것이었다.

다음 날 약속한 호텔 커피숍에 들어서자 저쪽에서 "저기 선생님 오셨다!" 하는 소리가 들렸다. 소리 나는 쪽을 돌아보았더니 가정주부로 보이는 두 여자가 막 웃으면서 나를 향해 다가오고 있었다. 나는 그들이라는 것은 직감적으로 느꼈지만 40대 초반의 그들의 모습에서 옛날 열서너 살 적 소녀 시절의 모습을 상상하긴 어려웠다.

내가 그들을 가르치던 때는 20대 후반이었는데 새파랗게 젊었던 선생님이 반백의 모습으로 나타났으니 그들의 감회도 깊었으리라. 우리는 그동안 지낸 일들을 이야기하느라고 음식에 거의 손도 대지 않았다. T는 S가 옛날에 선생님을 얼마나 좋아했는지 '증언'하기 위해서 나왔다고 해서 우리는 또 웃었다.

내가 한국에 머무는 동안 나는 이들과 두어 번 만났다. 바쁜 일정에 쫓겼지만 나는 이 제자들을 위해서는 될 수 있는 대로 시간을 많이 내고 싶었다. 그렇게 어렵게 나를 찾은 제자들에게 내가 할 수 있는 것이 또 무엇이 있겠는가. 이 두 제자는 옛 선생을 기쁘게 하느라고 서울 근교의 경치 좋은 곳으로 드라이브도 해주었고 또 특별한 음식점으로 데리고 가서 맛있는 음식도 대접해 주었다.

두 제자가 모두 안정된 직업을 가진 남편에다 고만고만한 아이들을 키우고 있는 전형적인 한국의 40대 주부였다. 그들은 아이들 과외 공부시키느라고 고생하는 이야기도 하고 열심히 일하는 남편 자랑도 했다.

그러나 내가 안타까웠던 것은 이들과 시간을 함께 보내면서도 이 두 제자의 중학교 때 모습이 떠오르지 않는 것이었다. 다시 말하면 그 옛날 모습과 지금 모습이 연결되지 않아 이 두 사람이 내 제자였다는 사실이 실감 나지 않았다. 나의 체류 기간이 다 되어 우리가 마지막으로 만났을 때 그들이 또 어디를 구경하고 싶으냐고 물었을 때 나는 Y중학교를 한번 가보자고 말했다.

Y중학교는 아직도 그 자리에 있었다. 시장으로 둘러싸인 학교

주변은 많이 변했으나 조그마한 교정은 여전했다. 이미 햇살이 길게 드리워지기 시작하는 저녁 무렵이라 우리는 수위 아저씨의 특별 허락을 받아 학교 안으로 들어갔다. 교정에 들어서자 두 사람도 참으로 오랜만에 모교에 와서 감회가 새로운 모양이었다.

"선생님, 저기가 2학년 때 우리 교실이었어요. 그 옆 반의 담임은 수학을 가르치는 K 선생님이었잖아요? K 선생님이 화가 나시면 우리가 모두 벌벌 떨었지요. 선생님, 그리고 저 현관 옆이 교무실이었고요. 그리고 미술 시간에는 저 스탠드에 죽 앉아서 스케치를 했지요. 그리고 저쪽에……" 하면서 그 옛날 일들을 눈앞에 보듯이 생생하게 묘사했다.

그 순간, 참으로 희한하게도, 그동안 그렇게도 생각이 나지 않던 단발을 하고 중학교 교복을 입은 이 두 제자의 생글거리는 모습이 선연히 떠올랐다. 그러자 그 어린 소녀들이 세월이 지나는 동안 중년의 부인으로 변해서 그렇게 내 앞에 서 있다는 사실이 실감으로 다가왔다.

고개를 들어 현관 옆에 있는, 건물 높이만큼 훌쩍 솟아오른 침엽수를 바라보았다. 어두운 저녁 하늘을 배경으로 가방을 들고 그 현관문을 들어가는 젊은 날의 내 모습이 영화의 한 장면처럼 스치고 지나갔다.

"선생님, 내일 떠나시니까 오늘은 마음이 바쁘셨을 텐데 어떻게 Y중학교에 다 가보실 생각을 하셨지요? 오늘 선생님과 같이 오지 않았으면 우리도 모교에 올 기회가 없었을 거예요. 선생님과 같이 학교에 가보니까 너무 좋았어요. 역시 우리 선생님이야!"

돌아오는 차 안에서 그들은 내가 우겨서 옛 학교를 다시 가보게 된 계기가 자못 신기한 듯했다. 그러나 이국땅에서 과거와 단절되어 살다가 돌아와 기억 속에서나마 지나간 그 시절과 다시 절실하게 연결되고 싶었던 내 마음을 그들이 얼마나 헤아릴 수 있었을까.

(2000. 4.)

금아(琴兒) 피천득 선생님

이 아름다운 계절 5월에 금아 피천득 선생님이 세상을 떠났다.

40여 년 전, 짧은 시간이었지만 나는 피 선생님과 같은 캠퍼스에서 지낸 기간이 있었다. 그러나 선생님은 영어교육과 교수셨고 나는 국어교육과 학생이었으니 그분의 강의를 듣거나 직접 만나 뵙고 이야기를 나눌 기회는 없었다.

나는 교정에 놓인 벤치에 앉아 "저분이 피천득 교수야!" 하는 학생들의 속삭임을 들으며 학교 현관으로 이어지는 언덕길을 가방을 들고 타박타박 걸어오시는 자그마한 선생님의 모습을 먼발치로 지켜보던 일을 기억한다.

내가 피 선생님을 토론토에서 만나 뵈었던 것도 벌써 20여 년이 넘은 것 같다. 선생님이 토론토를 방문하시는 며칠 중 어느 하루를 동창회에서 누가 안내를 맡았으면 좋겠다고 해서 내가 선뜻 자원했다. 나는 선생님을 뵙고 선생님의 글을 아주 좋아했다는 것과 타국에서나마 이렇게 뵙게 되어 정말 반갑다고 말씀드렸더니 선생님은 직접 가르친 제자를 만나신 것처럼 격의 없이 대해 주셨다.

그 당시 나는 공부와 일 두 가지를 함께 하느라고 꽤 힘들게 지내고 있었다. 그때 피 선생님은 나에게 외국 생활보다는 국내로 돌아가 후학들을 가르치는 게 좋지 않겠느냐고 말씀하셨다. 우리는 토론토에서 한인들의 상가가 많은 블루어(Bloor) 거리를 함께 걸으며 이런저런 이야기를 나누었다.

나는 선생님에게 무언가 의미 있는 이야기를 듣고 싶어 좀 느닷없는 질문을 했다.

"선생님은 교육자로서 또 문인으로서 평생을 사셨는데, 인생에서 가장 소중한 것은 무엇이라고 생각하십니까?"

나는 곧 내 질문이 너무 진부하고 또 그 대답은 듣지 않아도 짐작할 수 있을 것 같아 괜한 질문을 했다고 생각했다. 이런 질문을 하면 사람들은 대개 '진리'니 '정직'이니 '사랑'이니 하는 이야기로 응답하는 것이 보통이기 때문이다. 그러나 선생님은 지체 없이 말씀하셨다.

"젊음이지요!" 그리고 곧 덧붙이셨다. "젊다는 것보다 소중한 게 있겠어요. 젊음이 가장 소중하지요." 역시 선생님은 다른 사람들과 달랐다.

사람들은 한결같이 선생님이 주옥같은 수필을 쓰셨다고 말한다.

수는 많지 않으나 정말 아름다운 수필들을 남기셨다. 선생님은 간결하고 함축성 있는 문장으로 일상의 느낌을 아름다운 서정으로 승화시켰다. 선생님의 별세를 두고 언론들은 한국 문학의 거목(巨木)이 사라졌다고 표현했다. 피 선생님은 시도 쓰셨지만 그의 문학적 성취는 수필을 통해서다.

그의 수필을 놓고 감히 누구도 수필의 문학성을 의심하지 못한다. 그의 짧은 한 편의 수필에서 풍기는 향취와 여운은 쏟아져 나오는 시들과 소설들을 무색하게 한다.

무엇보다도 피천득 선생님을 한국의 독자들이 오래도록 기억하게 만든 것은 그의 대표작인 〈인연〉이라고 할 수 있다. 혹자는 〈인연〉은 젊은 시절의 감상적인 이야기라고 치부할지 모르나 나는 그 수필을 교재로 사용하면서 분석해 보고 그 빈틈없는 짜임새에 감탄하곤 했다. 섬세한 감성을 표현하는 어휘의 선택, 전체적인 구성에서 보여 주는 균형, 표현의 함축성, 흠을 잡기 힘들었다.

부드럽게 단숨에 써 내려간 듯한 느낌을 주는 글이지만 분석을 해보면 이 글이 얼마나 치밀하게 짜인 글인 줄 알게 된다. 누가 수필을 붓 가는 대로 쓰는 글이라고 했는가. 그것은 수필이 무엇인지 모르는 사람이 하는 소리다. 〈인연〉을 빼놓고 피천득 선생의 수필을 이야기하기 힘들다. 그는 이 한 편의 수필로 한국의 그토록 많은 독자에게 사랑과 존경을 한 몸에 받았다.

피 선생님은 97세로 장수하시고 5월에 가셨다. "오월은 금방 찬

물로 세수를 한 스물한 살 청신한 얼굴이다"라고 시작되는 그의 수
필 〈오월〉은 다음과 같은 서정으로 엮어진다.

　　내 나이를 세어 무엇하리,

　　나는 지금 오월 속에 있다.

　　연한 녹색은 나날이 번져 가고 있다.

　　어느덧 짙어지고 말 것이다.

　　머문 듯 가는 것이 세월인 것을.

　　유월이 되면 '원숙한 여인' 같은 녹음이 우거지리라.

　　그리고 태양은 퍼붓기 시작할 것이다.

　　밝고 맑고 순결한 오월은 지금 가고 있다.

　평생을 가야금을 켜는 소년 같이 살았던 금아(琴兒), 피천득 선
생님이 떠난 이 5월의 끝자락은 그 싱그러움만큼이나 허전하다.

(2007. 5. 30.)

난정(蘭丁) 어효선 선생님

이 세상을 살아가노라면 여러 사람을 만나게 된다. 그중에는 참 좋은 인연이라고 생각되는 만남도 있고, 그렇지 않은 경우도 있다. 좋은 만남이라고 생각되는 경우에는 그 인연이 무척 감사해서 산다는 자체가 아름답게 느껴진다. 그리고 그 인연을 삶의 소중한 부분으로 오래오래 기억하게 된다.

"아빠하고 나하고 만든 꽃밭에"로 시작하는 동요 〈아빠 생각〉의 노랫말을 쓰신 어효선 선생님은 나에게 그런 사람들 가운데 한 분이다. 나는 어효선 선생님과 짧은 기간이었지만 가깝게 지낸 일이 있다. 선생님과 나는 한국에서 사람들과의 관계를 따질 때 흔히 이야기하는 지연이나 학연이 있는 것도 아니고, 연령대로도 20년 가까운 차이가 나기 때문에 서로 인연을 맺기 쉬운 상대가 아니라고 할 수 있다.

　나는 선생님을 내가 첫 번째로 교편을 잡았던 여자고등학교에서 만났다. 나는 대학 재학 중에 군대를 갔다 와서 동기동창들보다 몇 년 늦게 졸업했지만 여고 선생님을 하기엔 젊다고 할 수 있는 스물일곱 살 총각 선생이었다. 교실에 들어가면 열 살도 차이가 나지 않는 여학생들이 대단한 호기심을 갖고 대했다. 나는 그런 익숙하지 않은 환경에서 서성거렸고 또 햇병아리 교사로 열정만 있을 뿐 여러 면에서 어설펐다.

　부임 인사를 하고 교무실의 내 자리를 배정받았는데 맞은편이 바로 어효선 선생님 자리였다. 누가 자리를 정했는지는 모르나 학교에서 가장 연장자인 선생님과 가장 젊은 축에 드는 내가 마주 앉게 된 것이다.

　여학생들은 어효선 선생님에게 친근하게 '할아버지 선생님'이라고 불렀지만 지금 헤아려 보면 그때 선생님 연세는 쉰이 채 안 되었을 때다. 그러나 워낙 젊은 여선생들이 많은 학교의 전체 분위기 때문인지 모두 선생님을 노인으로 대접하는 것 같았다.

　하긴 선생님은 교직원 회의에도 참석하지 않으셨고, 일반 수업은 형식적으로 조금만 맡으시고 주로 학생들의 문예활동을 전담하고 계셔서 학교에서 선생님의 위치가 특별하다고 느껴졌다.

　선생님은 체구가 자그마한 분으로 걸을 때는 아주 독특한 팔자

걸음으로 느릿느릿하게 걸으셨다. 나는 선생님의 걸음걸이를 보면서 옛날 우리나라 양반들이 저렇게 걸었을 것으로 생각했다. 선생님과 나는 문학, 국어 교육 그리고 일상적인 생활에 대해서 자주 이야기를 나누었다. 이제는 30여 년 전의 일이라 그때 구체적으로 어떤 대화를 나누었는지 기억이 희미하고 다만 그 분위기만은 지금도 떠올릴 수 있다.

선생님 신상에 관한 것으로 아직 기억하는 것은, 선생님은 토박이 서울 사람이라는 것, 아동 잡지 분야에서 일하셨다는 것 등이다. 물론 나는 선생님을 만나기 전부터 아동문학가로 선생님의 성함을 알고는 있었다. 그러나 〈아빠 생각〉, 〈과꽃〉, 〈파란 마음 하얀 마음〉 등 아름다운 동시들을 그렇게 많이 쓰셨다는 것을 내가 그 학교를 떠나고 난 뒤에 알게 되었다.

올해도 과꽃이 피었습니다.
꽃밭 가득 예쁘게 피었습니다.
누나는 과꽃을 좋아했지요.
꽃이 피면 꽃밭에서 아주 살았죠.

― 〈과꽃〉

우리들 마음에 빛이 있다면
여름엔 여름엔 파랄 거예요.

산도 들도 나무도 파란 잎으로

파랗게 파랗게 덮인 속에서

파아란 하늘 보고 자라니까요.

— 〈파란 마음 하얀 마음〉

선생님은 자연의 아름다움과 소박한 서정을 맑고 밝은 동심으로 노래하여 주옥같은 동요들을 지으셨지만 자기 자신이 지은 동요에 대해서 말씀하신 적은 한 번도 없었다. 내가 선생님을 지금까지 오래 기억하는 것은 널리 알려진 노랫말의 작자였기 때문이 아니라 선생님과 얽힌 몇 가지 에피소드 때문이라고 할 수 있다.

나는 그 당시 군대에서 시작한 담배를 피울 때라 쉬는 시간에는 다른 교사들과 어울려 담배를 피우며 담소를 나누곤 했다. 사람들은 담배 피우러 나갈 때 말동무가 될 사람을 불러서 같이 나가곤 했는데, 어효선 선생님은 그런 경우에 나를 건너다보시며 "김 선생, 한 대?" 하고 엷은 웃음을 지으셨다. 나는 그럴 때의 선생님의 은근하고 장난스러운 표정이 참 좋았다. 선생님이 왜 나를 자신의 담배 파트너로 삼으셨는지 모르나, 연령대로 보나 서열을 따지는 학교의 조직으로 보나 나하고 선생님 사이는 상당한 차이가 있어서 다른 교사들은 선생님과 내가 사이좋은 친구처럼 담배를 피우러 나가는 것을 보면 미소를 짓곤 했다.

또 한 가지 기억에 남는 것은 선생님이 들고 다니시던 책보에 대한 것이다. 선생님은 퇴근 시간이 되면 언제나 검정 보자기를 책상 위에 반듯이 펴놓으시고 그 위에 책을 서너 권 올려놓고 정성스럽게 몇 겹으로 싸셨다. 그러고는 옆구리에 단정히 끼고 가시는 것이었다. 나는 조그만 가방을 들고 다니시면 더 편리하지 않겠느냐고 여쭈었다. 선생님은 "좀스럽지 않아? 채권 장수처럼" 하면서 웃으셨다.

나는 퇴근 시간마다 선생님이 무슨 엄숙한 예식처럼 검은 광목 보자기에 책을 싸시는 것을 지켜보곤 했다. 그리고 독특한 팔자걸음으로 책보를 끼고 교문을 향하는 선생님의 모습을 보면서 선생님이 이야기해 주시던 서울 토박이 '딸깍발이'가 바로 선생님 자신이 아닐까 생각했다.

나는 캐나다에 와서도 가끔 어효선 선생님을 생각하며 어떻게 지내실지 궁금해했다. 그러나 며칠 전에 토론토에 사시는 안병원 선생님으로부터 어효선 선생님이 몇 년 전에 돌아가신 것을 알게 되었다. 안 선생님은 〈우리의 소원〉의 작곡자로 널리 알려진 분으로 한국에 계실 때 어효선 선생님과 어린이 동요에 관한 활동을 하셨기 때문에 선생님을 잘 알고 계셨다. 한국에 갈 때 기회가 되면 한번 만날 수 있었으면 하던 사람 중의 한 분이었던 어효선 선생님을 이제는 이 세상에서 뵐 수 없게 된 것이다. 나는 소중한 인연을 되새기고 감사드릴 수 있는 기회를 놓친 것이 가슴 아팠다.

선생님은 나를 보고 "김 선생은 교사보다 신문 기자를 하는 게 좋을 것 같아" 하셨는데, 선생님을 뵙고 어쩌다 보니 가르치는 직업을 지금까지 계속하게 되었노라고 말씀드리면 뭐라고 하실까 궁금했었다. 아마 선생님은 "세상 사는 게 마음대로 되나. 그런 의미에서 우리 오랜만에 담배나 한 대 할까?" 하셨을는지도 모르겠다.

어린아이와 같은 맑은 동심으로 평생을 '영원한 소년'으로 사셨던 선생님은 어린이날이 있는 5월에 세상을 떠나셔서 아동문학가들이 지닌 작은 꿈을 이루셨다고 한다. 영결식에 모인 선생님의 동요를 사랑했던 사람들의 마음속에는 선생님의 그 아름다운 동요들이 물결처럼 일렁거렸을 것이다.

(2007. 7.)

스티븐 호킹을 생각하며

몇 년 전에 영국의 천재적 물리학자 스티븐 호킹(Stephen William Hawking, 1942-2018)이 토론토 대학에 와서 강연한 적이 있다. 나는 그날 수업을 마치고, 14층 꼭대기에 있는 내 연구실에 들렀다가기는 어중간한 시간이라 조금 이르긴 해도 강연장으로 곧장 향했다.

푸른 잔디가 덮인 광장을 가로질러서 강연장인 컨버케이션 홀 앞에 이르렀을 때 나는 그 순간 막 차에서 내리는 스티븐 호킹과 마주쳤다. 아니, '내린다'가 아니라 서너 명의 경찰이 앰뷸런스 비슷한 차량의 앞뒤를 통제하고 있는 가운데 휠체어에 탄 호킹이 막 '내려지고' 있었다.

사진을 통해서 눈에 익은 대로 그는 컴퓨터 스크린이 앞에 달린

특수 휠체어에 그림 같은 모습으로 앉아 있었다. 오른쪽으로 고개를 갸우뚱하고 있는 모습, 몸에 걸치고 있는 헐렁한 옷. "호킹 교수님" 하며 사진 기자들이 사진을 찍기 위해 포즈를 유도하자 그의 눈과 입언저리에 희미하게 미소가 번지는 듯했다.

휠체어가 차도와 보행로 사이의 턱을 넘느라고 약간 지체됐다. 그를 에워싸고 움직이는 몇 사람 중 한 사람은 젊은 여자였다. 나는 얼마 전에 호킹이 옛 부인과 이혼하고 그를 돌보던 간호사와 재혼했다는 신문 기사를 상기하며 그 젊은 여자의 행동이나 정황으로 보아 그가 바로 재혼한 상대라는 심증이 갔다. 전신이 마비되고 말 한마디 못 하는 호킹에게 새로 이루어진 아내와 남편이란 관계는 어떤 의미일까.

컨버케이션 홀 안은 이미 많은 사람이 들어와 있었다. 내 좌석은 다행히 사진 기자들과 방송 요원들을 위해 특별히 배정된 구역 바로 옆이어서 강단이 가까이에 건너다 보였다. 호킹의 휠체어가 대형 스크린을 배경으로 강단 복판에 자리 잡았다. 마침내 시간이 되어 호킹이 소개되자 큰 홀을 가득 채운 청중들은 일제히 일어나 휠체어에서 미동도 하지 못하는 그에게 기립 박수로 경의를 표했다.

그는 《시간에 대한 간략한 역사》(*A Brief History of Time*)라는 책으로 세계의 일반 대중에게 널리 알려졌다. 제목 자체가 아이러니다. '끝없이' 흐른다는 시간에 대한 '간략한' 역사. 케임브리지 대학에서 아이작 뉴턴이 차지했던 자리를 이어받았고, 상대성이론으로 20세기 최대의 과학적 업적을 남긴 아인슈타인에 자주 비교되는 천재 이론물리학자.

말을 하지 못하는 그의 강연은 미리 서술한 내용을 기계적 음성으로 바꾸는 장치를 통해 이루어졌다. 과학에는 문외한인 나에겐 그 강연을 영어가 아니라 한국어로 했다고 해도 이해하기 힘든 건 마찬가지였으리라.

'특이점', '대폭발', '블랙홀', '시공간의 경계가 없는 우주', '언젠가는 사멸할 지구', '영원히 열려 있고 스스로 변화해 나가는 우주'……. 사람들이 지니고 있는 근본적인 의문들에 대한 그의 강연은 시종일관 청중의 호기심을 끊임없이 불러일으키면서 긴장감 속에서 이루어졌다.

온몸이 마비된 한 인간이 그렇지 않은 수많은 사람을 앉혀 놓고 '모든 존재의 근원'에 대해서 이야기하고 있었다. 사람들은 그의 강연 내용을 이해하려 하기보다 엄청난 역경을 넘어서 투쟁하고 있는 한 인간에 대하여 크나큰 경의를 표하고 싶어 하는 듯했다.

강연이 끝나고 질의응답 시간이 시작되자 즉석에서 두어 명의 질문자가 나왔다. 질문을 받고 호킹이 대답을 준비하는 과정은 길고 복잡했다. 그는 컴퓨터 스크린에서 자기가 필요로 하는 단어들을 선택하고, 조합하고, 그리고 기계를 통하여 음성화했다.

"당신은 신의 존재를 믿는가?" 하는 질문이 있었다. 그런 자리에 당연히 나올 것 같은 질문이면서도, 어쩐지 경솔하다는 느낌을 지울 수 없는 질문. 그러나 그에 대한 호킹의 대답은 간결하고 명확했다.

"나는 그 질문에 대해서 '예'나 '아니오'라고 대답하고 싶지 않다. 왜냐하면 내가 '아니오'라고 하면 사람들은 나를 유물론자라고 공박할 것이고, 내가 '예'라고 하면 사람들은 자기들이 가지고 있는 신의 이미지를 덮어씌우려고 할 것이기 때문이다."

청중들은 뜨거운 박수로 그의 생각에 동의를 표시했다. 그의 몸은 비록 마비되었지만 그의 정신은 이 지구상의 누구보다도 앞에 서 있었다.

(2002. 6.)

유진 오켈리

세계적으로 명성이 있는 회사이며 미국 최대 회계법인의 하나인 케이피엠지(KPMG)의 대표 유진 오켈리(Eugene O'Kelly)는 2005년 5월 53세의 나이에 말기 뇌종양이라는 진단과 함께 남은 삶의 기간이 석 달이라는 선고를 받는다.

그는 석 달이라는 시한부 삶을 통고받기 전까지 성공적인 사업가로 화려한 경력을 쌓았고, 개인적으로는 아내와 아이들, 친구들과 친지들에 둘러싸여 행복한 삶을 살고 있었다.

면밀한 의학적 검사를 거치고 의사들에게서 자세한 설명을 듣고 난 그는 남은 시간 동안 다음과 같은 세 가지 일을 실행하기로 결심한다. 첫째, 직장을 그만둔다. 둘째, 자신에게 가장 적합한 치료법을 선택한다. 셋째, 남은 날들을 자신의 생애 중에서 최고의 날들로 만든다.

다시 말해서 그는 석 달의 남은 기간을 단지 죽음을 기다리는 시간이 아닌 그의 삶에서 가장 의미 있는 부분으로 만들기로 작정한다. 며칠 뒤 그는 30년을 몸 바쳐 온 직장에 사표를 내고 남은 시간에 해야 할 일들을 구체적으로 계획한다.

그는 먼저 사람들과 마지막 작별 인사를 나누기로 한다. 자신의 직업을 통해 인연을 맺게 된 사람들과 오랜 친구들의 명단을 만든다. 그리고 가족을 포함한 모든 사람과 어떠한 순서로, 어느 정도의 시간을 배분하여 마지막 인사를 할 것인가를 정하고 실천에 들어간다.

그는 멀리 떨어져 있는 사람들에게는 편지나 이메일, 전화로 자신이 말기 암으로 인해 몇 달밖에 살지 못하게 되었다는 것을 밝히고 이 세상에서의 마지막 인사를 한다. 그는 그동안의 인연을 고마워하며 즐거웠던 일들을 회상하고, 그리고 작별을 고한다. 가까운 사람들과는 만나서 차를 마시기도 하고 산책을 하면서 이야기를 나눈다.

가족들과는 될 수 있는 대로 가장 많은 시간을 보내려고 애를 쓰며 특히 아내와 두 딸과는 많은 이야기를 나눈다. 그는 불과 일주일 전까지 계획했던, 자신의 은퇴 후까지 이어지는 미래의 꿈을 접고, 번민하고 오열하는 시간은 피할 수 없었겠지만 믿을 수 없는 강한 의지로 자신의 운명을 받아들인다.

그는 자신이 비록 불치병으로 죽어 가지만 이 세상에서 마지막 순간까지 맑은 정신으로 자기와 자신의 주변에서 일어나는 일들을 명확하게 이해하고 죽음을 준비할 수 있는 것을 축복이라고 생각한다. 또한 자신의 임박한 죽음을 준비하면서 지금까지 사업가로서의 삶과는 다른 차원의 의식 세계에 도달했음을 다행이라고 생각한다.

그는 사람들에 대한 작별 인사와 함께 죽음을 앞둔 자기 생각과 느낌을 기록하는 프로젝트를 세운다. 비록 자신은 그 책의 발간을 보지 못할 것을 알지만, 자신의 생각과 느낌을 가감 없이 충실하게 서술한다.

그는 처음 의사의 진단을 받은 대로 석 달 남짓한 시간을 보내고 2005년 9월에 53세의 나이로 세상을 떠났다. 그는 죽기 전까지 명료한 의식을 유지했는데, 그런 점에서 그는 자신은 '운이 좋은 사람이었다'고 말했다. 그는 자기 삶의 마지막 순간까지 자연의 미세한 아름다움을 음미하고, 지금까지 교류해 온 사람들과의 관계를 아름답게 마무리하고, 그리고 남은 하루하루를 '완전한' 시간으로 만들려고 최선을 다했다.

1849년 12월 22일, 28세의 젊은 도스토옙스키는 정치범으로 처형되기 직전 마지막 주어진 5분을 놓고, 옆 사람과 작별 인사를 하는 데 2분, 자기 삶을 되돌아보는 데 2분 그리고 남은 1분은 아름다운 자연을 둘러보는 데 쓰기로 했다. 그는 사형 직전에 황제의 특명으로 생명을 건지지만 그는 마지막 남은 몇 분의 시간을 그렇게 사용하려고 했다고 한다.

그에 비하면 유진 오켈리는 자신의 마지막 남은 삶을 명료한 의식으로 정리할 시간이 있었으므로 스스로 '축복'받았다고 했지만, 그러한 인식이나 실천은 아무나 할 수 있는 것이 아니다.

유진 오켈리가 죽음을 몇 달 앞두고 서술한 내용은 그가 죽은 뒤에 책으로 출간되었다. 책 제목《빛을 좇아서》(*Chasing Daylight*)는 그가 평생 즐기던 골프장의 해 질 무렵 정경이기도 하고, 마지막 남은 생명의 시간을 상징하기도 한다.

생각해 보면 우리의 삶은 참으로 언제든 무너져 내릴 수 있는 허망한 토대 위에 서 있다. 아무도 '내일'을 모른다. 유진 오켈리의 지적한 대로 앞으로 몇 년 후의 삶이 불확실한 것처럼 60초 후의 우리 삶도 불확실하다. 그러나 사람들은 자기 삶의 마지막을 생각하기를 주저하고 기피한다.

유진 오켈리의 마지막 서술은 우리의 삶이 얼마나 예측 불가능한가를 통렬하게 다시 한번 각성하게 한다. 그는 자신에게 갑자기 닥친 운명을 받아들이고 완전한 '오늘'을 살기 위하여 혼신의 힘을 기울이고, 그리고 다음과 같이 다짐한다.

"더 이상 미래에 살지 말자. 그리고 다른 많은 사람이 그러하

듯 과거에 얽매이지 말자. 존재하지도 않은 세계에 산다는 것은
피곤한 일일 뿐만 아니라, 현재의 매혹적인 순간을 놓치고 만다
는 점에서 어리석은 일이기도 하다."

(2006. 12.)

방랑자의 길

어머니와의 이별

　우리 어머니는 내가 열세 살 되던 해에 돌아가셨다. 내가 중학교에 들어간 지 겨우 한 달밖에 안 되었을 때다. 학교 가는 골목길에 샛노란 개나리가 만발하던 4월이었다. 돌아가시기 바로 전날 오후에 나는 어머니와 같이 시내에 나갔었다. 무슨 일로 나갔는지는 기억이 없으나, 그 무렵에 어머니가 한번 쓰러지신 적이 있어 내가 따라나섰던 것 같다.

　그날 어머니와 나는 시내 한복판에 있는 번화한 시장을 지나가게 되었는데, 어쩌다가 '스냅 사진'에 찍혔다. 아직도 한국에 이런 영업이 있는지 모르지만, '스냅 사진'이란 거리의 사진사가 길을 가는 사람의 자연스러운 모습을 찍고 본인이 원하는 경우 며칠 후 현상을 해주는 영업이었다. 사진사가 사진 현상을 원하느냐고 물었을 때 어머니는 몸이 불편해서 초췌한 모습을 사진에 담아서 무엇을 하겠느냐고 사양하셨다.

어머니는 그날 밤에 뇌일혈(腦溢血)로 쓰러져서 다음 날 새벽에 돌아가셨다. 지금 생각해 보면 그 당시 어떻게 그런 생각이 났는지 모르지만, 좌우간 나는 그 경황이 없던 가운데 시장길의 스냅 사진사를 찾아갔다. 이젠 이 세상에서 다시 볼 수 없게 된 어머니의 가장 생생한 모습이 그 사진 속에 담겨 있다고 생각한 것이다.

복잡한 시장 거리에서 어렵게 찾은 사진사에게 전날 우리 어머니와 나를 찍었던 사진을 찾고 싶다고 했더니 사진사는 찍은 직후에 말하지 않았다면 이제 와 그 많은 필름 속에서 그 '스냅 사진'을 찾을 수 없다고 했다. 지금 같았으면 그날 찍은 모든 사진을 다 사겠다고 나섰겠지만 어린 소견에 그런 생각까지는 하지 못했다.

나는 '아아, 어머니의 모습은 이젠 어디에서도 볼 수 없게 되었구나' 하며 햇빛이 눈부시게 쏟아지던 거리를 눈물을 흘리며 돌아왔다.

돌아가실 때의 우리 어머니는 마흔아홉 살이었다. 옛말에 부모의 죽음을 '천붕'(天崩)이라 표현했다. 하늘이 무너진다는 말이다. 나에겐 문자 그대로 하늘의 한 모퉁이가 무너져 내린 느낌이었다. 나는 정말 어머니의 죽음을 믿을 수도, 받아들일 수도 없었다.

어머니는 보수적인 가정에서 태어나서 신교육을 받았으나 가정생활에서는 자기희생과 절제로 일관하셨다. 그러나 한편으로는 풍부하고 섬세한 감성을 지닌 분으로 빠듯한 생활 속에서도 문학 작품을 즐겨 읽으시고 또 글을 쓰셨다. 내가 지닌 감성적인 부분에서 좋은 점이 있다면 그것은 전적으로 어머니한테 받은 것이었다.

사실은 어머니가 돌아가시기 몇 년 전에 아버지가 먼저 중풍으로 병석에 누우셨다. 아버지가 쓰러져서 병원에 입원하셨을 때 어머니가 침대 머리맡에서 그 참담한 심정을 기록하셨던 노트를 나는 오랫동안 지니고 있었다. 어머니는 아버지 병 수발을 하랴, 여섯 자식의 뒷바라지를 하랴, 문자 그대로 노심초사(勞心焦思)하시다가 갑자기 돌아가신 것이다.

어머니는 온화한 성격에 항상 조용조용히 말씀하시는 분이었다. 나는 어머니가 큰소리 내시는 것을 한 번도 본 적이 없다. 끊임없이 격려해 주시고 감싸 주시던 어머니였다. 집에 들어오면서 "어머니" 하고 부르면 언제나 푸근한 웃음으로 꼭 안아 주셨기 때문에 나는 지금도 어머니의 체취를 기억한다.

전쟁을 겪으면서 큰형이 행방불명되있고 또 생활이 어려웠지만 어머니의 자세에는 변함이 없었다. 나는 어머니가 기뻐하실 일이라면 무엇이라도 하고 싶었다.

그런데, 그런 어머니가 갑자기 이 세상에 존재하지 않는다는 사실을 나는 받아들일 수 없었다. 나에게는 폭포처럼 쏟아지던 정(情)의 원천이 하루아침에 사라진 것이다. 한창 감수성이 예민하던 어린 소년에겐 너무 참혹한 일이었다. 나는 될 수 있는 한 생각을 하지

않으려고 애를 썼지만, 불쑥불쑥 어머니의 죽음에 생각이 미칠 때마다 엄습하는 절망감 때문에 고개를 저으며 그 사실을 부인하려고 했다.

어머니의 몸은 화장되어 흐르는 강물에 뿌려졌다. 그리고 신주를 모시는 위패(位牌)가 시내에서 얼마 떨어져 있지 않은 절에 안치되었다. 나는 시간이 있을 때마다 그곳을 찾아가 어머니 위패에 절을 올리고 뒷산에 올라갔다. 사찰 바로 밑으로 내려다보이는 조그마한 저수지에는 노란 연꽃이 만발하고 있었다. 눈물 어린 눈에 비치는 세상은 온통 노란색이었다. 그때부터 노란색은 나에게 끝없는 슬픔의 색으로 각인(刻印)되었다. 내 인생에서 가장 잔인한 4월이었다.

그 뒤 수년 동안 나는 정말 고독한 시절을 보내야 했다. 어머니의 죽음은 그 후 나로 하여금 정든 사람들과의 모든 이별을 두려워하게 만들었다. 나에게는 다시는 그런 이별의 고통에 버틸 의지가 남아 있는 것 같지 않았다. 사람은 죽기 전에 남은 사람의 슬픔을 덜기 위해 사람들과 갈등을 일으켜 '정을 뗀다'는 말이 있다. 나는 어머니와 전혀 갈등의 시간을 가질 사이도 없이 더없이 슬프고 아름다운 기억만으로 헤어졌다.

(2001. 6.)

아버지의 빈자리

옛날 아버지들이 대개 그러했던 것처럼 우리 아버지도 집에서는 별로 말씀이 없는 분이셨다. 그래서 그런지 아주 어린 시절의 기억을 뒤적여 봐도 아버지가 나와 같이 놀아 주던 기억 같은 것은 없다.

언제였던가, 귀가하시는 아버지를 향해 달려가던 어린 나를 번쩍 들어 올려 주시던 일이 아버지를 가장 가깝게 느낄 수 있는 기억이다. 그래서 아버지는 내게 생생한 기억으로 남지 않고 몇 장의 사진으로 남았다. 내가 지금까지 간직하고 있는 아버지 사진 중 하나는 우리 집 뒷마당에서 담배를 피우시던 모습이다. 그 사진을 보면서 그래서 내가 커서 담배를 즐겼는지 모른다고 생각한 적이 있다.

아버지는 6.25 사변 중에 옆에서 사람들이 죽어 넘어지는 전쟁터 속을 여섯 남매를 이끌고 피난을 내려오면서 온갖 신고를 겪고 나서 피난지에 도착해서는 본디 말씀이 없으신 분이 더 말씀이 없어졌다.

피난지에서는 급한 대로 우리 식구들은 시내에서 조금 떨어진 친척 집 과수원에서 머물며 과수원 일을 돕고 있었다. 잎이 거의 떨어진 나무에 매달린 서리가 하얗게 앉았던 사과가 지금도 한 폭의 수채화처럼 기억에 남아 있으니 늦가을이었던 같다.

그 무렵 무슨 일인지 아버지가 시내에 나가시며 나를 데리고 가신 적이 있었다. 내 기억으로는 아버지와 단둘이 하는 나들이는 생전 처음이었다. 어느 공원 앞을 지나게 되었는데 공원 입구에는 아주머니들이 광주리에 떡을 놓고 팔고 있었다. 내가 그 떡 광주리를 바라보았는지 아버지는 떡 몇 개를 사셨다. 그리고 신문지에 싼 떡을 들고 공원에서 제일 위쪽에 있는 언덕으로 올라가셨다. 그곳은 앞이 탁 트이고 시내가 멀리 내려다보이는 장소였다.

아버지는 널따란 바위 위에 신문지를 펴놓고 떡을 하나 나에게 집어 주셨다. 무엇을 먹든 항상 모든 식구가 같이 나누어 먹던 때라 아버지와 단 둘이 그런 장소에서 떡을 먹는 일이 어쩐지 어색하게 느껴졌던 것 같다. 아버지는 떡을 드시며 시내를 내려다보고 계셨다. 하염없는 시선으로 먼 곳을 바라보는 아버지의 옆모습은 어린 내 눈에도 쓸쓸해 보였다. 남의 집에서 더부살이하는 가족들을 생각하며 아버지는 그때 얼마나 난감한 심정이었을까 짐작이 가고도 남는다.

고단한 피난살이에 마음고생이 심하던 아버지는 하루아침에 중풍으로 쓰러져서 몸의 한쪽이 마비되고 또 언어 장애까지 와서 거의 말문을 닫으셨다. 몇 년 후에는, 병석에 계신 아버지를 밤낮으로 돌보시던 어머니가 급환으로 갑자기 돌아가시자, 아버지는 시집가서도 친정 식구들 일이라면 노심초사하던 큰 누님 집에 얹혀살게 되었다.

나는 지금도 아버지가 지팡이를 옆에 놓고 골목 어귀에 있는 긴 의자에 앉아 망연한 시선으로 길거리를 바라보고 계시던 모습을 기억한다. 나는 아버지의 그런 모습이 안쓰러워 왜 집에 계시지 않고 나와 계시냐고 투정해도 아버지는 아무 말씀이 없으셨다.

몇 년 동안 아버지는 그렇게 고생하시고 어느 날 새벽에 살아생전에 그러셨던 것처럼 아무도 모르는 사이에 조용히 세상을 떠나셨다. 장례식에서 형제들이 통곡을 해도 나는 눈물을 흘리지 않았다. 이젠 아버지의 오랜 고통이 끝났구나, 나는 가슴이 먹먹했지만 아버지가 더 이상 고통을 받지 않게 되었다는 안도감이 아버지를 잃은 슬픔보다 컸다고 할까.

장례식 날, 망우리 묘지에서 집에 돌아와 아버지가 거처하시던 방에 들어가자 아버지가 평소에 자리를 펴고 누워 계시던 방 한구석이 눈에 들어왔다. 이불을 걷어낸 자리에는 방바닥 색깔이 변해 흡사 아직도 자리가 펼쳐져 있는 것처럼 느껴졌다. 순간 나는 아버지가 그 자리에 누워 계시는 것 같은 착각이 들었다. 머리를 흔들고 다시 정신을 차리니 그 자리는 분명히 비어 있었다.

그리고 다음 순간, 나는 이제 아버지가 차지하고 계시던 저 자리를 누구도 채울 수 없다는 절망감으로 몸을 떨었다. 장례식을 치르는 동안 가슴 깊은 곳에서부터 서서히 목구멍까지 차오르던 서러움이 마침내 넘치기 시작했다. 나는 어린아이처럼 아버지를 부르며 아버지가 누워 계시던 그 자리를 어루만지면서 대성통곡을 했다.

아버지가 돌아가시고 많은 세월이 흘렀다. 나도 두 아들의 늙은 아버지가 되어 이제는 돌아가실 때의 우리 아버지 연세보다 내 나이가 많아졌다. 때로는 멀리 떨어져 사는 아들들을 생각하며 잠을 설치는 밤이 있다. 그럴 때는 우리 아버지를 생각한다. 그리고 아버지가 떠나시고 남은 자리는 지금도 무엇으로도 채울 수 없는 허전한 공간으로 남아 있음을 느낀다. 아, 아버지!

(1996. 3.)

개구쟁이의 추억

― 잃어버린 교과서 ―

  이제는 아득한 옛날 일이 되고 말았지만, 초등학교에 다니던 때의 나는 여간 장난이 심한 아이가 아니었다. 워낙 물자가 부족하던 시절이라 장난꾸러기한테 입힐 만한 반반한 옷도 없었겠지만, 아침에 멀쩡한 옷을 입고 나가도 저녁에 집에 돌아올 무렵에는 바짓가랑이가 찢어지고 단추는 뜯어져서 헐렁이 같은 모습으로 돌아오곤 했으니 말이다.

  우리는 학교에서 쉬는 시간만 되면 일 분이 아까울세라 운동장으로 뛰어나갔다. 그러고는 아이들끼리 편을 짜고는 밀고 당기며 죽어라 하고 힘을 쓰다가 종소리가 나면 교실에 들어와서는 숨이 차서 한참을 헐떡여야 했다.

  그 당시가 전쟁 직후라서 그랬던가, 사내아이들의 놀이는 상당히 거칠었다. 운동장에다 석필로 길고 꾸불꾸불한 놀이판을 그려 놓고 한쪽은 방어진을 치고 한쪽은 공격하는 놀이를 즐겨 했는데, 서로 맞붙을 때는 전쟁이 따로 없었다.

놀이가 끝나고 나면 개구쟁이들은 온몸이 땀과 먼지에 젖어 그 몰골이 말이 아니었다. 그래서 교실에 들어가서는 선생님한테 너무 심하게 놀이를 한다고 꾸중을 듣곤 했다.

나는 우리의 어린 시절이 평온하지는 않았지만 그렇다고 특별히 불행했다고는 생각하지 않는다. 그래도 그 속에서도 우리는 온갖 꿈을 꾸었고, 서로 두터운 정을 나누었으니 말이다.

그런데 그 시절의 일로 가끔 나를 추억에 젖게 하는 일이 하나 있다.

어느 날 늦도록 운동장에서 뒹굴다가 집에 돌아와 책가방을 열어 보니, 국어 교과서 한 권이 어디로 갔는지 보이지 않았다. 혹시나 해서 다음 날 교실이고 운동장이고 두루 찾아보았지만 잃어버린 국어 교과서는 찾을 수 없었다.

책을 잃어버린 것이 확실해지자 아버지와 어머니는 매일 쓰는 교과서가 없어서는 안 된다고 생각하시고 그다음 날 저녁, 국어 교과서 전체를 베끼기로 작정하셨다. 지금 같으면 복사기로 쉽게 복사할 수 있겠지만 그때는 복사기라곤 생각도 못 하던 시절이었다. 그래서 아버지와 어머니는 국어 교과서를 손으로 한 자 한 자 베끼기 시작하셨다.

철없는 나는 일찍 잠이 들었다가 소변을 보기 위해 한밤중에 깨어났는데, 아버지와 어머니는 그때까지도 주무시지 못하고 희미한 호롱불 밑에서 번갈아 가며 만년필로 책을 베끼고 계셨다. 잉크가 떨어지면 다시 만년필의 고무주머니에 잉크를 채워 가며 계속해서 책을 베끼시던 모습이 지금도 눈에 선하다.

교과서와 같은 쪽수에 같은 내용이 들어가야 하고, 또 내가 잘 읽을 수 있도록 글자도 또박또박 써야 했기 때문에 그것은 결코 쉬운 일이 아니었다. 나중에 들으니 어머니가 먼저 반을 베끼시고 그 나머지는 아버지가 베끼셨다는데, 새벽녘이 다되어서야 그 일을 겨우 마칠 수 있었다고 한다.

다음 날 아침, 나는 재봉실로 그런대로 제본도 한 누런 종이의 '국어 교과서'를 가지고 학교에 갔다. 마침 국어 시간이 되어 한 사람씩 돌아가며 소리 내어 낭독하는 시간이 되었다. 나는 모양도 이상하고 여기저기 번진 잉크 자국이 있는 책을 들고 있는 것이 부끄러워 다른 아이들이 눈치 못 채게 하느라고 애를 썼다.

그런데 어느새 내 주위에 앉은 친구들이 내가 이상한 교과서를 들고 있는 걸 알아차리고 킥킥거리기 시작했다. 그중 한 친구는 자기 것하고 바꿔 보자며 나직한 소리로 말했다. 나는 잘되었다 싶어 얼른 그 친구와 교과서를 바꿨다.

내 책을 받아 간 친구는 책을 앞뒤로 뒤적여 보면서 참 신기해했다. 다른 친구들도 너도나도 보자고 해서 서로 돌려 보다가 결국 선생님한테 들키고 말았다. 그러나 선생님은 내가 우물거리면서 그 사연을 설명하자 아무 말씀도 없이 그냥 미소만 지으셨다.

나는 지금도 그 일을 생각할 때마다 손으로 베껴 쓴 그 교과서를 친구들 앞에서 부끄러워했던 일이 후회된다. 아버지와 어머니가 밤을 새워 가며 만들어 주신 그 책을 친구들 앞에서 왜 당당하게 들고 자랑하지 못했는가 하고 말이다.

아버지와 어머니가 돌아가신 지도 수십 년의 세월이 흘렀다. 그러나 지금도 그 일을 회상할 때마다 희미한 호롱불 아래 두 분이 밤을 새워 가며 교과서를 베끼던 모습이 선하게 떠오른다. 그럴 때마다 내 마음은 이제는 돌아갈 수 없는 그 시절에 대한 아련한 그리움으로 젖게 되는 것이다.

(1997. 10.: 검인정 국어 교과서 중학교 2-2 수록)

소년 시절 친구

중학교에 다니던 어느 가을날, 문학에 대한 취향 때문에 자주 붙어 다니던 친구가 학교 수업이 끝나고 집으로 돌아오면서 나한테 보여 줄 곳이 있다고 해서 따라나선 일이 있었다. 지금은 내 고향도 수십 년의 세월이 지나면서 엄청난 변화를 겪고 옛 모습을 잃어버렸지만, 그 당시에는 우리 학교에서 십여 분 걸으면 조그만 개천이 나오고 그 위의 조그만 다리를 건너면 곧 논밭으로 이어지는 들판이었다. 그 친구는 다리를 건넌 뒤에도 개천을 따라서 무작정 가기만 하는 것이었다.

어디까지 가서 뭘 보여 주려고 하느냐고 물어보고 싶었지만, 친구가 묵묵히 걸어가기만 하는 바람에 나도 그저 잠자코 따라가는 수밖에 없었다. 그러다가 어느 조그만 언덕을 넘어서자 갑자기 눈앞에 펼쳐진 것은 벌판에 가득 찬 코스모스들이 물결처럼 흔들리고 있는 모습이었다. 그것이 그 친구가 나에게 보여 주려고 했던 것이었다. 나는 "아!" 하는 탄성과 함께 벌어진 입을 다물 수 없었다.

그건 참 대단한 광경이었다. 내가 그때까지 본 코스모스란 집 화단에 가냘프게 피어 있는 몇 포기나 신작로 옆에 먼지를 뒤집어쓰고 있는 좀 안쓰러운 모습이었는데, 그렇게 들판에 가득 찬 코스모스가 가을바람에 하늘거리는 모습은 감수성이 예민한 10대가 아니라도 커다란 감동을 불러일으키기에 충분했다. 내가 지금도 코스모스를 보면 감회에 젖는 것은 그 가을에 내 마음속에 새겨진 코스모스의 이미지 때문이 아닌가 한다.

나에게 코스모스 벌판을 보여 준 그 친구와 나는 중학교를 졸업하고 헤어졌다. 친구는 고향에서 진학하고 나는 서울로 올라오는 바람에 서로 헤어지게 되었는데, 지금까지 40년 가까운 세월이 흐르는 동안 우리는 두 번 만났다.

한 번은 대학 진학 직후였다고 생각하는데, 의과대학에 진학한 그 친구는 나를 보자 자기는 문학을 좋아했지만 현실적인 고려를 해서 의과대학에 들어갔다고 하면서 괜히 쑥스러워하는 것 같았다. 내가 국어교육학과에 진학한 것은 무슨 대단한 각오가 있어서라기보다 좋아하는 문학책들을 계속 가까이 접할 수 있을 것이라는 막연한 생각이 큰 부분을 차지했는데, 그는 내가 교사가 된다는 것 외엔 별 전망도 없어 보이는 국어교육학과에 진학했다는 것이 신기한 듯했다.

그와의 두 번째 만남은 작년에 내가 한국을 방문한 김에 오랜만에 고향을 방문했을 때였다. 그는 이젠 의사로서 일가를 이뤄 자신의 분야에서 확고한 자리를 잡고 있었다. 그는 참 오랜 세월이 흐른 뒤에 고향을 찾은 나를 보고 만감이 교차하는 듯 이곳저곳으로 나를 데리고 다니면서 구경시켜 주었다.

그리고 이젠 전혀 알 수 없이 변해 버린 고향의 이 거리 저 거리를 안내하면서 감회에 젖는 나를 조용히 지켜보곤 했다. 그는 내가 먼 외국 땅에 가서 살고 있으며, 아직도 문학을 가르치는 일을 업으로 하고 있는 것을 안쓰러워하는 것 같았다. 고향 땅에서 굳건하게 뿌리를 내리고 있는 그에게 비치는 나는 언제나 방랑인이었다.

지난 며칠 동안은 바람이 불고 비도 흩날리더니 오늘은 날씨가 많이 기울었다. 곧 본격적인 겨울 날씨로 바뀌기 전에 이번 주말에는 어디 가까운 숲이라도 거닐며 지나간 가을의 기억들을 되새겨보는 것도 좋겠다.

(1997. 10.)

아카시아와 교도소

교도소가 형무소라는 무시무시한 이름으로 불리던 초등학교 시절 형무소가 있는 동네에서 몇 년 산 적이 있다. 동네 한복판에 있는 형무소는 높은 담장에 둘러싸여 낮에도 음침한 느낌을 피할 수 없었고 어쩌다 혼자서 형무소 옆 호젓한 길을 지나가게 되면 은근히 긴장되곤 했다.

모든 게 다 크게 보였던 어린 시절이기도 했지만, 밑에서 쳐다보면 형무소의 담장 끝이 까마득했다. 가끔 육중한 철문으로 된 큰 정문이 열리면서 바깥으로 노역을 나가는 수형인들을 실은 트럭이 나오곤 했는데, 우리는 호기심 반 두려움 반으로 푸른 수의를 입고 트럭 뒤 적재함에 쭈그리고 앉아 있는 사람들을 흘금흘금 살피곤 했다.

이렇게 형무소 자체에 대한 인상은 어둡고 으스스한 면이 있었지만, 그 주변에 살던 우리 개구쟁이들에게는 그 형무소가 놀이터의 중심이 되었고 그래서 잊지 못할 여러 추억을 남겨 주었다.

형무소는 사면이 높은 붉은 벽돌담으로 싸여 있었고 네 귀퉁이마다 아래를 감시하는 높은 조망대가 있었다. 밑에서 보면 망루에 있는 교도관 모습은 잘 보이지 않았지만, 그 밑으로 지나가면 위에서 내려다보는 교도관의 시선이 느껴지곤 했다.

밤에는 담 주변을 서치라이트를 비추어서 그 환한 불빛과 빛이 미치지 못하는 곳의 어둠이 대조되어 괴괴한 느낌을 자아냈다. 그 후에 나는 셰익스피어의 《햄릿》을 처음 읽었을 때 망령이 나오는 장면을 읽으면서 이 형무소의 밤 정경을 떠올리기도 했다.

형무소 담의 바깥쪽에는 사람들이 지나다닐 수 있는 오솔길이 있었고, 그 옆은 철조망으로 일반 사람들이 사는 주택 지역과 분리되어 있었다. 그 오솔길은 웬일인지 어른들도 잘 다니지 않았다. 그러나 아이들은 그 길을 학교에 오갈 때도 지름길로 이용했고, 봄에 앞산으로 '참꽃'—우리는 진달래를 그렇게 불렀다—을 뜯으러 갈 때나, 여름에 멱을 감으러 방천으로 갈 때나, 가을에 메뚜기를 잡으러 들로 나갈 때도 우르르 무리를 지어 그 길로 지나갔다.

길의 한쪽은 철조망을 따라 아카시아나무가 줄을 지어 터널을 이루고 있어서 아카시아꽃이 만발하는 초여름이 되면 하얀 꽃잎이 눈처럼 휘날리고 꽃향기가 코를 찔렀다. 우리는 아카시아나무 가지를 꺾어 꽃잎을 따먹기도 하고, 가위바위보를 해서 그 잎사귀를 하나씩 따내는 게임도 하면서 그 길을 지나가곤 했다. 훗날 내가 서울에서 도시 생활을 할 때 어쩌다가 아이들이 부르는 〈고향땅〉이라는 노래를 들을 때면 언뜻언뜻 이 시절의 기억을 떠올리며 감회에 젖곤 했다. 삭막한 도시 한복판에서도 이 노래를 흥얼거리면 가슴에 서늘한 바람이 불었다.

고향땅이 여기서 얼마나 되나
푸른 하늘 끝닿은 저기가 거긴가
아카시아 흰 꽃이 바람에 날리니
고향에도 지금쯤 뻐꾹새 울겠네.

그 아카시아 숲길에 얽힌 추억으로 지금도 기억나는 일은, 내가 평생 처음이자 마지막으로 상대와 주먹을 마주 쥐고 '결투'를 벌인 곳이 바로 그 숲길이었다는 것이다.

초등학교 3학년이나 4학년쯤 되었던 것 같다. 학교에서 나를 자주 성가시게 하는 주먹이 센 녀석이 있었는데, 어쩌다가 그날은 주변 아이들의 충동에 의해서 그 녀석과 한판 승부를 가리게 되었다. 결투 장소로 아이들은 그 형무소 길을 지정했다. 여남은 명의 아이가 '증인'으로 따라나섰다. 형무소 옆 아카시아 숲길에 들어서자 우리를 맞이한 것은 땅바닥에 하얗게 깔린 꽃잎과 공중에서 흰 눈처럼 흩날리며 떨어지는 꽃잎이었다.

아이들은 그 현란한 광경에 잠시 거기에 뭐 하러 왔나 하는 것도
잊고 "와! 와!" 하는 탄성만 질렀다. 나는 그 아름다운 광경을 보니
거기서 '결투'한다는 것이 무언가 맞지 않는 것 같아 '오늘 하지 말자'
하는 소리가 목구멍까지 올라왔다. 하지만 만약 거기서 싸우지 않
겠다고 하면 당장 아이들이 겁쟁이라고 놀릴 것이 두려웠다. 나는
물러서면 안 된다고 마음을 다잡았다.

마침내 결투가 시작되어 우리는 엎치락뒤치락하다가 어쩌다 내
가 그 녀석을 넘어뜨리게 되었다. 그다음은 내가 주먹으로 녀석의
면상을 쥐어박아야 할 차례였는데, 나는 밑에 깔린 녀석을 때리지
못하고 그냥 일어섰다. 그러고는 뭐라고 설명하기 힘든 감정으로
멀거니 서서 눈물을 흘렸던 것 같다.

그다음 날 학교에선 어제 대결에서 누가 이겼는지 아이들의 의
견이 분분했다. 상대를 넘어뜨렸기 때문에 내가 이겼다고 하는 패
와 내가 눈물을 흘렸기 때문에 상대편이 이겼다고 하는 패로 갈렸
다. 누가 이겼다고 판정이 났건 간에 중요한 것은 나와 주먹다짐을
벌였던 그 녀석이 그 이후에는 성가시게 굴지 않았을 뿐만 아니라
나중에는 꽤 가까운 친구가 되었다는 것이다.

수년 전 내가 한국을 방문했을 때 그 시절에 놀던 또 다른 친구와
같이 그곳을 찾아간 적이 있다. 거의 30여 년 만에 만난 친구는 내가

말하지 않았는데도 형무소가 있던 동네로 나를 데리고 갔다.

그러나 어린 시절의 추억이 어린 그 형무소는 흔적도 없이 사라지고 그 자리에는 현대식 아파트들이 들어서 있었다. 물론 형무소와 함께 아카시아나무 숲도 사라져서 도대체 거기에 아카시아나무 숲이 있었다는 것이 꿈같이 느껴졌다. 십 년이면 강산이 변한다는데 그 십 년의 세 배도 넘는 세월이 흘렀으니 어찌 옛날 그 모습대로 남아 있기를 기대할 수 있을 것인가.

나는 어렸을 적 그 형무소 앞을 지나가며 그랬던 것처럼 교도소의 높은 담이 있었던 하늘 언저리를 올려다보았다. 그 옛날 어느 여름날처럼 파란 하늘을 배경으로 흰 구름이 뭉게뭉게 피어오르고 있었다. "고향에, 고향에 돌아와도 그리던 하늘만이 높이 푸르구나!" 하는 말은 정녕 옛 시인만의 탄식이 아니었다.

(2006. 5.)

한글날과 결혼식

국어교육을 전공하고 국어 교사가 되는 것은 아주 당연한 과정처럼 보이겠지만, 나의 경우에는 상황에 밀려 교사가 되었다는 것이 맞는 말인 것 같다.

국어교육과를 지망한 것도 글을 읽고 자기의 생각을 표현하는 훈련을 좀 더 열심히 할 수 있지 않을까 하는 단순한 생각 때문이었고, 사범대학을 선택한 것도 교사가 되겠다는 생각보다 당시 사범대학생에 대한 국비 지원금의 혜택으로 학비가 거의 무료에 가까웠기 때문이었다.

대학 첫 학기가 끝나고 국비 지원금이 남았다고 도서관 앞에 죽 늘어선 학생들은 한 사람씩 학생증으로 확인하고 봉투를 받았다. 요즈음 비싼 학비 때문에 고생하는 학생들에게 이런 이야기를 하면

호랑이 담배 피우던 시절의 이야기로 들릴 것이다.

학교에 다니면서 미래의 진로에 대한 고민을 꽤 했지만, 재학 중에 군 복무를 마쳤기 때문에 졸업하자마자 교사직은 열려 있었다. 이렇게 얼결에 스무 살 후반 젊은 나이에 여고 교사가 되었으니 교사로서 전문 지식이나 능력에서 여러 가지로 부족했다.

나는 기대와 호기심에 가득 찬 학생들의 시선을 받으며, 교사라는 열정 없이 단순한 호구지책으로 갖는 직업이 아니라는 것을 새삼 깨달으면서 준비되지 않은 자신의 상황이 당황스러웠다.

나의 대학 생활을 되돌아보면, 입학 초기에는 한일 수교 반대 데모로 길거리에서 보내다가 나중에는 심신이 지쳐 거의 학교를 자퇴할 심정이 되었다가 재학 중 자원 입대를 했다. 제대 후에는 이른바 복학생으로 생기발랄한 후배들로 가득 찬 강의실 뒤편에 앉아 출석을 확인하는 데 급급했다.

나의 교편생활은 그렇게 어설프게 시작되었지만, 나는 학생들을 가르치는 즐거움과 보람 속에서 서서히 국어 교사로 자리를 잡아가고 있었다. 대학 다니는 동안 전공 공부는 뒷전이었으니 나는 학생들을 가르치기 위해 전공 서적들과 참고 서적들을 쌓아 놓고 씨름해야 했다. 대학 시절에 열심히 하지 못한 전공과목을 뒤늦게 독학한 셈이었다. 그러나 절실한 필요로 열성을 가지고 공부하는 즐거움과 보람은 컸다.

나는 대학 입시반을 가르치기 위한 준비를 하면서 대학 시절에 사용하던 훈민정음 해례본(訓民正音 解例本)을 다시 들쳐 보곤 했는데, 500여 년 전에 한국말을 표기하는 그러한 문자를 만들었다는 데 감탄을 금할 수 없었다.

특히 세종대왕이 쓴 "자기의 뜻을 글로 표현하지 못하는 어리석은 백성들이 많음을 한탄하여⋯⋯"로 시작하는 훈민정음 서문을 거듭 읽으며 새삼스럽게 감동했다. 나는 학생들에게 훈민정음 창제에 대하여 가르칠 때면 항상 우리 민족의 역사에 나타나는 수백 명의 임금 중에서 나는 세종 임금만을 '대왕'으로 부르기를 주저하지 않는다고 천명하곤 했다.

교편생활을 시작한 지 얼마 되지 않아 나는 결혼을 하게 되었는데, 양가에서 결혼식 날짜를 정하는 일을 위임받은 나는 서슴지 않고 10월 9일 한글날을 결혼식 날짜로 잡았다. 나는 한글날에 결혼식을 함으로써 나름대로 한글 창제에 대한 존경과 감사함을 표시하고 싶었다.

어떻게 생각하면 엉뚱한 발상이라서 다른 사람들에게는 장난스럽게 느껴질 수도 있었겠지만, 나는 진지했고 내 결정에 스스로 흐뭇했다. 나는 한글날에 결혼식을 함으로써 대학 시절에 전공 공부를 소홀히 했던 것을 심적으로 보상하고 싶었던 것 같다. 그리고 결혼식장도 전문적 예식장이 아니고 상징적인 의미에서 우리말과 글을 널리 전파하는 신문회관으로 정했다.

양가 식구들과 친구들은 "신랑이 국어 선생이라서 결혼식을 한글날에 한다고 하네" 하고 별다른 이의 없이 이해해 주었다. 그러나 친구들 가운데는 내가 결혼식을 하필이면 공휴일에 해서 모처럼 연휴에 놀러 가지도 못한다고 농담 반 투정하는 친구도 있었다.

아내에게는 설명하지 않았으나 내 생각을 이해하는 것 같았다. 그러나 나는 그 후에 한글날이 되면 아내에게 "우리 결혼기념일에 온 국민이 국기를 올리고 축하하니 얼마나 좋아!" 하고 실없는 농담을 하곤 했다.

더구나 40여 년이 지난 몇 년 전에 고국에 있는 친구가 전화를 하면서 "며칠 전 한글날이 자네 결혼기념일이 아닌가. 무슨 특별 행사를 했는가?" 해서 서로 껄껄 웃었다. 한국말을 가르치며 평생을 보내고 나니, 한글날에 결혼식을 한 것은 내 일생에서 가장 잘한 일 중 하나라는 생각이 든다.

(2019. 10.)

선생님의 눈물

　내가 중학교 2학년 때 수학 선생님이었던 K 선생님을 지금까지
생생하게 기억하고 있는 것은 수학을 특별히 좋아했다거나 아니면
그 선생님과 특별히 가까웠다거나 하는 이유가 아니라 K 선생님에
얽힌 에피소드 때문이다.

　그때가 1950년대 후반기니까 우리나라 사람들이 참 어려운 세
월을 보내던 때였다. 해마다 보릿고개가 되면 학교에서 절량농가를
위한 쌀을 거두던 궁핍한 시절이었다. 신학기가 시작된 지 얼마 되
지 않았던 어느 날, 수학 시간을 앞두고 K 선생님에게 그날은 다른
반과 합반 수업을 한다는 전갈이 있어 우리는 한 교실에 두 반 학생
이 모여서 선생님을 기다리면서 와글거리고 있었다.

　대체로 합반을 하게 되면 수업이 제대로 진행될 수 없어서 선생

님이 수업하고는 직접 관계가 없는 다른 이야기를 해 주시거나 아니면 학생들이 좋아하는 오락 시간이 되든가 했다. 시작 종소리가 들리고 잠시 후에 나타난 K 선생님은 전체 학생들의 인사를 받고도 무엇을 어떻게 시작해야 할지 한동안 머뭇거리시는 것 같았다. 우리는 선생님을 바라보면서도 연방 떠들고 있다가 선생님이 아무 말씀도 없이 우리를 지그시 바라보는 시간이 길어지자 차츰 조용해졌다.

　교실이 조용해지자 K 선생님은 우리를 한번 휘이 둘러보시고, "오늘 이렇게 합반을 하게 한 것은 다름이 아니고 여러분에게 내가 좀 이야기할 게 있어서……" 하시면서 가라앉은 낮은 목소리로 말씀을 시작하셨다. 사실 K 선생님은 말씀을 잘하시는 편이 아니고 오히려 눌변에 가까웠는데, 이날따라 한마디 한마디를 음미하시듯 더욱 천천히 하시는 것이었다. 그러고는 양복 안쪽 주머니에서 차곡차곡 접은 신문 한 장을 꺼내셨다. 선생님은 "이건 오늘 아침 신문인데…… 여기에 난 기사를 읽고 나서…… 여러분도 좀 알아야 할 것 같아서……" 하시면서 신문을 읽기 시작하셨다.

　그 신문 기사에 따르면, 바로 전날 우리가 살고 있는 도시의 변두리에서 어린 아기 하나를 키우며 살던 젊은 엄마가 오랫동안 굶던 끝에 불쏘시개라도 주워서 팔려고 아기를 업고 뒷산에 올라갔다가 허기가 져서 쓰러졌는데, 결국은 다시 일어나지 못하고 그 자리에서 아기와 함께 죽었다는 것이다.

　그런데 기자들이 현장에 가보니, 이 아기 엄마가 일어나려고 손에 잡히는 것은 무엇이라도 붙잡고 얼마나 몸부림을 쳤던지 모녀가 쓰러져 있는 주변에는 마른 잔디 뿌리까지 다 뽑혀 아무것도 없더라는 것이다. 게다가 쓰러진 엄마 위에서 영문을 모르는 아기는 엄마 등을 긁으며 일어나려고 했는지 엄마 등에는 아기의 손톱자국이 어지러웠다는 것이다.

선생님은 기사를 다 읽으시고 난 뒤에는 아무 말씀도 하지 않으시고 다시 신문을 접기 시작하셨다. 교실에는 신문 접는 소리만 날 뿐 순간 침묵이 흐르고 있었는데, 아래만 보고 신문을 접으시던 선생님이 갑자기 흐느끼시는 것이 아닌가! 선생님은 처음에는 한 손으로 얼굴을 가리고 울음을 참으려고 하셨으나, 결국에는 손수건을 꺼내서 흐르는 눈물을 연신 닦으며 흐느끼셨다.

슬픔이 고조될 때마다 흔들리는 선생님의 어깨가 뒷자리에서도 보였다. 그러자 선생님이 읽어 주신 기사 내용이 사뭇 충격적이라서 할 말을 잃고 있던 아이들이 하나둘 고개를 떨구고 눈물을 흘리기 시작하자, 삽시간에 교실 전체가 울음판이 되었다.

잠시 후에 가까스로 울음을 거두신 선생님은 학생들 앞에서 감정을 가누지 못하고 눈물을 보여 미안하다고 하시며 다음과 같은 말씀을 덧붙이셨다. "여러분은 다행히 밥도 굶지 않고, 또 이렇게 좋은 학교에 다니고 있지만, 우리 주변에서 이런 일들이 일어나고 있다는 사실을 모르고 산다면 그것은 공평하지 않다고 생각해요……."

우리는 그 시간이 끝나고 난 뒤에 서로, "야, 짜식, 너도 울었지?

계집아이처럼…… 나는 울지 않았어" 하면서 100여 명이 넘는 중학교 사내아이가 한자리에서 어린아이들처럼 눈물을 흘렸던 것을 괜히 멋쩍어했지만 그 기억은 오래오래 남았다. 왜냐하면 학교를 졸업하고 많은 세월이 흐른 뒤에도 중학교 동창들을 만나서 옛 선생님들에 대한 이야기를 할 때면 자주 K 선생님과 그 사건을 떠올리곤 했으니 말이다.

K 선생님은 우리가 중학교를 졸업한 지 얼마 되지 않아 한창 나이에 병환으로 돌아가셔서 우리가 그 후에 선생님을 다시 뵐 수 있는 기회는 일찍 사라졌다. 그리고 40년 가까운 세월이 흐르고 보니 이제는 K 선생님한테 우리가 수학을 배웠다는 사실조차도 가물가물한 일이 되었다. 그러나 우리 앞에서 눈물을 흘리시던 K 선생님의 모습은 그 봄날 교정에 피어 있던 샛노란 개나리꽃의 애틋한 영상과 함께 그 풋풋하던 소년 시절의 잊을 수 없는 기억의 한 부분으로 남았다.

(1997. 12.)

두 아들

40여 년 전 나는 아내와 두 살 된 아들을 데리고 토론토 공항에 내렸다. 그해 겨울은 유달리 춥고 눈도 엄청나게 내렸던 해로 기억한다.

모든 것이 낯설고 황량하기만 하던 시기, 나는 집 안에서 창밖을 내다보는 어린 아들이 외로워 보여 이럴 때 형제라도 있어서 같이 지내면 좀 낫지 않을까 싶었다. 나의 바람 때문이었는지 3년 후에 둘째 아들이 태어나 두 형제가 언제나 같이 노는 모습을 보게 되어 한결 마음이 편했다.

이민 초기에 혼란스럽고 여유 없이 사는 가운데도 아이들이 별 탈 없이 자라 준 것은 고마운 일이었다. 아파트 베란다에서 내려다보이는 공터에서 다양한 민족의 아이들이 섞여 놀고 있을 때도 한 아들만 찾으면 또 하나는 그 옆에서 쉽게 찾을 수 있었다.

어릴 때 그렇게 단짝처럼 붙어 다니던 아이들도 자라면서 조금씩 대조적인 성격을 갖게 되었다. 첫째는 좀 수줍고 내성적인 편이었고, 둘째는 적극적이고 행동적이라고 할까. 다행히 두 아이는 서로의 다른 면을 좋아하는 것 같았다. 동생에게는 항상 아는 게 많은 형이었고, 형에게는 씩씩하고 용감한 동생이었다.

초등학교와 중학교, 고등학교를 거쳐 대학교를 마칠 때까지 둘은 같은 교정에서 몇 년 차이로 앞서거니 뒤서거니 하며 학교생활을 했다. 첫째가 먼저 진학을 하고 2, 3년 지나면 둘째가 같은 학교를 들어가고, 그래서 2, 3년 같이 지내고 나면 형이 졸업하고 다음 상급학교로 진학하는 식이었다. 아이들이 고등학교를 마칠 때까지는 나도 정신없이 바쁘게 사느라 아이들이 어떻게 성장하는지 잘 살피지 못했다. 새로운 언어와 문화를 접하면서 부모보다 아이들이 비교적 잘 적응하는 것 같아서 나는 어련히 아이들이 알아서 할 것이라 생각하고 별다른 간섭을 하지 않았다.

세월이 흐름에 따라 두 아들은 순서대로 대학에 진학하게 되었다. 먼저 큰아들이 토론토 대학에 입학하고 대학 생활을 시작했다. 나는 당시에 토론토 대학에서 한국어와 한국 문학을 가르쳤기에 학교 기숙사에서 생활하는 큰아들을 캠퍼스에서 종종 만날 수 있었다.

큰아들은 어쩌다 교정에서 학생들 속에서 나를 발견하면 멋쩍게 씩 웃으며 손을 흔들고 사라지곤 했다. 특별히 기억에 남는 일은, 내가 강의를 하러 교정을 가로질러 가는 길목에 그가 사는 고색창연한 3층 기숙사가 있었는데, 그 건물 앞을 지나가다가 혹 시간 여유가 있을 때는 그 창문 바로 밑으로 가서 아들 이름을 불러 보기도 했는데, 마침 그가 방에 있을 때면 땅바닥에 있는 아버지와 창문에 고개를 내민 아들이 두 손을 확성기처럼 모으고 대화를 나누는 광경이 벌어지곤 했다. 그러다가 지나가던 사람들이 쳐다보면 우리는 시치미를 떼고 먼 데를 바라보다가 대화를 계속하곤 했다.

아들은 몇 주에 한 번씩 집에 돌아와 엄마가 해준 밥을 먹으면서 학교에서 지내는 이런저런 이야기를 나누었다. 한번은 아들이 며칠 전에 이런 일이 있었다고 하며 말을 꺼냈다. 학교 도서관에서 엘리베이터를 탔는데 같이 타고 있던 어떤 백인 학생이 자기를 유심히 쳐다보더라는 것이다. 그냥 모른 척했더니 그 학생이 머뭇거리면서 "혹시 너의 아버지가 이 대학에서 한국어를 가르치지 않느냐" 하고 묻더라는 것이다.

나는 아들과 나의 외모가 그렇게 닮지 않았다고 생각하는데, 그 학생은 어떻게 그런 질문을 했는지 신통했다. 그래서 뭐라고 대답했냐고 물었다. 아들은 나를 보고 멋쩍게 웃으며, "I think so라고 했지" 그랬다.

나는, "야, 인마, I think so가 뭐냐, '그렇다'고 해야지" 하고 핀잔을 주었다.

그는 또 씩 웃기만 했다. 나는 속으로는 그다운 응답이라고 생각했다.

당시는 북미 몇 개의 대학에서 한국학 강좌를 개설하는 시기라서 대학에서 새로운 한국학 강좌를 신설할 때면, 나는 전공 분야인 한국어와 한국 문학 외에도 한국에 연관된 다른 강좌들을 담당하지 않을 수 없었다. 어느 해 봄, 대학 당국에서 다가오는 가을학기에 한국의 역사와 문화를 소개하는 강의를 맡아 달라는 제의를 받았을 때는 상당히 당혹스러웠다. 전공도 아니고 오랫동안 들춰 보지 않던 분야를 가르쳐야 하는 일은 상당히 부담스러웠다.

지금 생각해 보면 젊은 날의 열정과 패기가 그런 일을 가능하게 한 것 같다. 하기야 교수들끼리 하는 말에 '알고 싶으면 그것에 대해 가르쳐라'(If you want to know it, teach it)는 말이 있다. 다른 사람들을 가르치려면 충분한 지식이 있어야 하기 때문에 가르치기 전에 철저히 준비함으로써 필요한 지식으로 무장하게 된다는 말이다.

마침내 '한국문화사'(Korean Civilization)란 제목으로 한국의 역사와 문화를 소개하는 강좌를 개강하는 날이었다. 예상 밖으로 수강생이 많아 150명 가까운 학생으로 가득 찬 계단식 강당에서 강의가 진행되었는데, 수업 진행을 도와줄 조교도 사고로 참석하지 못하고, 시청각 기재의 사용도 원활하지 않아서 계획한 대로 강의를 마치느라고 힘이 들었다.

"자, 오늘은 여기까지 합시다. 다음 주에 만나요!"(Well, this is what I have for today. See you next week!) 하고 수업 끝을 선언하자,

위아래 층의 학생들이 일제히 우르르 일어나서 아래층 양쪽에 있는 출구로 밀려 나가기 시작했다.

나는 강단에 펼쳐 놓았던 강의 자료들을 하나하나 가방에 넣기 시작했다. 잠시 후 주변이 조용해지는 것을 보니 학생들이 많이 빠져나간 것 같았다. 그 순간 이층 좌석 한복판에서 큰 소리로 "Good Presentation!"(잘했습니다!) 하는 소리가 들렸다. 고개를 들어 소리 나는 쪽을 바라보니 둘째 아들이었다.

그는 책가방을 어깨에 비스듬히 걸친 채 중앙 계단에 서서 미소를 지으며 짐짓 큰 동작으로 천천히 박수를 치고 있었다. 그러고는 아직 남아 있던 학생들이 쳐다보는 것도 전혀 개의치 않고 나를 향해 손을 흔들었다. 그가 아들이라는 것을 모르는 다른 학생들은 당연히 그가 수강생 중 하나라고 생각했을 것이다.

두 아들이 대학을 졸업하고 멀리 집을 떠나 이웃 나라에 가서 산 지도 꽤 오래되었다. 큰아들은 평생 직업이 학생인 것처럼 북미 여러 대학을 전전하더니 지금도 책만 들여다보며 살고 있고, 둘째는 신문 기자로 사회생활을 시작하더니 직업을 여러 번 바꾸며 살고 있다. 사람들은 각자 자기 기질에 따라서 다른 방식으로 살아가기 마련인 모양이다.

(2021. 2.)

방랑자의 길

　나를 아는 사람 중에는 내가 학생들을 가르치는 직업을 가진 사람이라 상당히 치밀하고 신중한 사람일 거라는 선입견을 갖는 경우가 많은 것 같다. 그러나 사실 나는 젊었을 때부터 상황 판단이 현실적이라기보다 상당히 관념적인 편이었다. 자신의 이런 점을 보완이라도 할 셈이었는지, 나는 가끔 결정적인 순간에 자신의 분수에 맞지 않게 과감하게 행동에 옮기는 만용을 부렸다. 지금 생각해 봐도 어처구니없는 일들을 저지르곤 했다.

　소년 시절에 사병들의 애환을 아름답게 낭만적으로 그려 낸 미국 영화, 〈지상에서 영원으로〉(From here to eternity)를 보고 나는 군대를 간다면 장교가 아닌 사병으로 가야겠다고 다짐했다. 그래서 대학 들어가서 친구들이 ROTC나 간부후보생 과정을 거쳐 장교로 군복무를 하는 게 좋을 거라고 해도 사병으로 군 복무를 한다는 마음을 바꾸지 않았다. 그러나 대학 재학 중 느닷없이 자원 입대를 하고 훈련소에 가서 신병 훈련을 받으면서 내가 대단히 큰 착각을 했다는 것을 깨달았다.

훈련소에 들어가기 전날까지 어문학을 전공하는 동기들과 마시지도 못하는 막걸리 잔을 놓고 실존철학이 어떻고 비트문학이 어떻고 하고 열을 올렸다. 그러다 몸에 맞지 않는 훈련복을 입고 내 키만 한 M-1 소총을 들고 미처 상상하지 못했던 고된 훈련을 받으면서 관념과 현실을 구분하지 못하는 나 자신을 자책했다.

보통 신병들은 몇 주의 기초 훈련을 받고 일반 부대에 배속되거나 위생병, 행정병 등을 교육하는 소위 특과 학교에 간다. 하지만 나는 군대의 가장 말단 병사인 보병으로 분류되어 기초 훈련 후에 다시 6주 동안 눈보라 속에서 철조망이 둘러친 진흙 구덩이를 포복해 들어가는 침투 훈련을 받아야 했다. 그러면서 자신의 무모함을 다시 절감하지 않을 수 없었다. 그러나 보병 훈련을 마치고는 미군 부대에서 근무하는 카투사 병으로 차출되어 보병들이 주로 가는 최전방 근무는 면하게 되었다.

나는 카투사 병들이 근무할 부처를 배정받는 막사에서 하룻밤을 대기하고 있었다. 여러 부처에서 새로운 신병들을 데리러 온 사관들이 병사들의 기록부를 들고 와서 필요한 신병들을 몇 명씩 차출

해서 데리고 갔다. 거기서 처음 만나 알게 된 대학 선배가 번역반으로 가게 되었다고 하며 나보고 같이 가자고 했다. 나는 군대에 와서도 펜을 들고 군대 생활을 하고 싶은 생각이 없었다. 나는 군대 조직의 제일 밑바닥에서 명령을 받고 기계처럼 움직이는 병사 생활을 해야 정말 군대 생활을 경험하는 것으로 생각했다. 마침 수송병을 차출하러 나온 사관이 한국군 수송병 출신이나 운전 경력이 있는 사병들을 고르고 있었다.

나는 차출한 몇 명의 사병을 데리고 떠나려는 수송부 사관에게 다가가 나도 수송부에 가고 싶다고 말했다. 척 봐서 직업군인이라는 인상을 주는 그는 무심한 표정으로 나를 힐끗 보며, "너, 운전할 줄 알아" 하고 물었다. 나는 운전할 줄 모르지만 수송부에 가면 운전을 배우겠다고 대답했다. "뭐, 운전을 배워서 하겠다고? 수송부 군대 생활이 쉬운 데가 아니야! 너 뭐 자동차하고 무슨 인연이라도 있어?" 하며 나를 빤히 쳐다보았다. 나는 할 말이 없어, "예, 학교 다닐 때 매일 버스 타고 다녔습니다!" 하고 선처를 바라는 표정을 지었다.

"뭐, 버스 타고 학교 다녔다고? 이놈 웃기는 놈이네!" 그는 어이없다는 표정을 짓더니 순간 무슨 생각을 했는지 엄지손가락을 까닥하며 "야 인마, 짐 들고 따라와!"라고 했다. 그렇게 해서 나는 운전도 모르는 주제에 수송부대에 가서 제대하는 날까지 운전병으로 근무했다.

여기까지 이야기하면 사람들은 내가 꽤 행동적이고 터프한 면이 있다고 느끼겠지만, 실은 비실비실한 체질에 겁도 많은 편이다. 수송부에 가서 거칠고 힘든 사병 생활을 한번 독하게 해보겠다는 것도 몸으로 할 줄 아는 것은 없고 머리로 생각만 하는 자신을 힘든 환경에서 단련해 보겠다는 나름대로의 계산이 있었다.

사실 나는 일찍이 내 분수를 모르고 만용을 부리다가 이미 쓰디쓴 실수를 한 경험이 있었다. 독서에 빠져 살던 중학교 시절에 헤르만 헤세의 《수레바퀴 아래서》를 읽고 크게 감동하고 그 여파로 중학교를 졸업하고 어렵잖게 갈 수 있었던 명문 인문학교를 외면하고 실업학교에 갔다가 수년 동안 실컷 고생하고 방황한 적이 있다. 다시 말하면, 나는 관념적인 생각에 한번 빠지면 그것을 행동으로 실천하지 않으면 용기가 없는 탓이라고 자신을 구석으로 몰아대는 고질병이 있었다.

군기가 세다는 수송부 생활이 처음에는 힘들었지만, 시간이 지나며 차츰 익숙해지자 나는 군대 생활이 주는 묘한 매력을 느꼈다. 군대에 가기 전까지 나는 세상의 온갖 고통을 떠안은 것처럼 '고뇌하고 방황하는 청춘'이었는데, 자유를 포기하고 명령에 절대 순종하는 생활 속에 자신을 맡기자 전혀 예기치 않았던 평안함을 느끼기 시작했던 것이다. 일찍부터 자유분방한 독서를 통하여 규격화된 제도와 획일적인 사고에 반발하고, 또 군대에 처음 들어왔을 때 그 억압적인 분위기에 거의 절망에 가까운 감정을 느꼈던 것을 생각하면 엄격한 규율로 통제되는 군대 생활에서 평화와 충족감을 느끼는 것은 내가 모르던 자기 자신에 대한 새로운 발견이었다.

아침에는 기계처럼 기상해서 정해진 일과에 따라 하루를 보내고, 취침나팔 소리를 들으며 침상에 들면 그렇게 편할 수가 없었다. 그것은 내가 일찍이 경험하지 못한 평화였다. 군대 생활에서는 그렇게 방황할 일도 없었고 번뇌할 일도 없었다. 매일 내게 부과된 일을 기계처럼 이행하면 최선을 다한 것이었다.

하루 일과를 마치고 외출을 나갔다가 철조망으로 둘러싸인 영내를 들어오다가 보면 멀리 있는 연병장에서 하기식을 할 때 부는 나팔 소리를 듣곤 했다. 나는 그 자리에 부동자세로 서서 나팔 소리가 끝날 때까지 거수경례를 하면서 내가 정말 군인이 되었다는 것을 실감했다. 나는 그 순간에 가끔 영화 〈지상에서 영원으로〉의 주인공 플루잇(몽고메리 클리프트 분)이 죽은 친구를 애도하며 트럼펫을 불던 장면을 연상하곤 했다.

군대 생활도 끝나고 대학을 졸업 후에 교편생활을 잘하고 있다가, 젊은 나이에 안일하게 타성에 젖어 가는 자신을 발견하고 괴로웠다. 그리고 막연한 생각으로 젊었을 때 외국에 나가 모험을 한번 해보자고 작정하고 캐나다로 이주했다. 수송부대에서 배운 운전 외에는 별다른 기술도 없고, 돈을 벌어 보겠다고 외국으로 나온 것도 아니라서 주위 사람들이 비즈니스를 시작하는데도 선뜻 따라 하지도 못하고, 이러지도 저러지도 못하는 처지가 되었다. 나는 그저 젊은 시절에 색다른 경험을 하고 모험을 한다고 외국으로 나온 객기에 찬 젊은이였다. 나는 다시 한번 비현실적이고 무작정 일을 저지르고 보는 자신의 무모함을 자책하지 않을 수 없었다.

한국을 떠날 때 5년 정도 외국 생활을 하고 돌아가기로 작정하고 있었지만 그동안에 허송세월만 하고 지낼 수는 없어 구체적인 목표도 없이 공부를 시작했다. 남들이 보기에는 학문에 큰 뜻을 두고 어려운 조건 속에서 학구열에 불타는 사람으로 보였을지 몰라도, 다른 길들은 내가 모국을 떠날 때의 막연한 동기와도 거리가 멀어서 생업을 하면서 공부하는 어려운 상황이 되었다. 그렇게 시작한 공부가 세월의 흐름에 따라 학위 과정까지 마치게 되었다. 다행히 대학에서 학생들을 가르치게 되었고, 그렇게 몇 년을 지내다 보니 모국에 가서 얼마 동안이라도 지내고 싶다는 생각이 참을 수 없이 일어났다. 그래서 한국에 갈 기회가 오기를 기대했는데, 마침 충청도 어느 국립대학원에서 초청이 왔다. 여름 방학을 이용하여 대학원 계절제 강의를 하게 되었는데 처음 예상과는 다르게 수년 동안 강의를 계속하게 되었다.

일 년에 한 번 고국의 산천을 구경한다는 것만 해도 좋은데, 모국의 젊은이들을 가르친다는 명분도 있었으니 더할 나위 없었다. 그러나 여름 방학을 이용한 집중 강의라서 무더위와 계속되는 강의 일정에 상당히 힘이 들었다. 그러나 무엇보다도 모국어로 강의하는 즐거움이 컸고, 의욕 있고 총명한 젊은 후학들에게 전공을 전수한다는 보람이 컸다.

시내에서 대학으로 들어가는 길목에는 유명한 가로수 길이 있었는데 긴 터널을 이루고 있는 가로수 길을 따라 운전하면서 앞을 바라보면 그윽하고 포근함 느낌이 전신을 감싸는 것 같았다. 그래서 캐나다에 돌아와서도 가끔 한국을 생각하면 떠오르던 그림 같은 풍경이었다.

어느 날 나를 그 대학에 초대한 H 교수와 함께 차를 타고 그 길을 지나가다가 가로수 대열 중간에 조금 열린 곳이 보였다. 밀집해 있는 나무들 때문에 평소에는 무심히 지나가던 곳이었다. 마침 차들이 밀려 서행 중이라 내가 운전하는 차는 마침 그 열린 사이에 서게 되었다. 고개를 숙여 들여다보니 작은 언덕길이 시작되어 완만한 경사를 이루며 위로 뻗어 있었고 그 언덕 끝에는 군부대가 있었다. 밑에서 바라보니 햇볕을 받고 있는 언덕길이며 그 끝에 비켜 서 있는 군부대 초소가 그렇게 평화롭고 아늑하게 보일 수 없었다.

나는 갑자기 운전대를 버리고 차에서 내려 그 언덕을 터벅터벅 올라가서 그 병영 안으로 들어가고 싶다는 강렬한 욕망을 느꼈다. 나중에 생각해 보니, 그 순간 나는 그 옛날 군대 생활을 하면서 경험한 평온함을 상기하며 일종의 향수를 느꼈던 것 같다.

그날 저녁 H 교수와 교수 숙소에서 포도주 잔을 앞에 놓고 나는 낮에 가로수 길에서 느꼈던 감정을 이야기했다. 군부대를 보는 순간 갑자기 옛날 군대 생활을 하던 때가 생각나서 부대 영내로 들어

가고 싶었다고 고백했다. 그리고 내가 외국 생활을 오래 하다 보니 많이 피로해서 이제 정말 모든 것을 내려놓고 두 손 들고 투항하고 싶었던 모양이라고 하소연 비슷하게 이야기했다. 제대하고 대학에 복학해서 강의실 뒷전에 앉아 스산한 복학생 생활을 하는 나를 몇 년 동안 지켜본 적이 있는 H 교수는 "형님은 아직 문학청년이네요" 하고 위로하듯 잔을 내밀었다.

한용운의 시 〈복종〉에서는 "남들은 자유를 사랑한다지만 나는 복종을 좋아해요"라고 절대자에 대한 자발적인 복종은 진정한 기쁨을 가져온다는 높은 경지를 이야기하지만, 나의 경우는 방황을 거듭하고 지친 사람의 넋두리라고 해도 할 말이 없다. 어쨌든 그 순간의 나는 휴식을 갈구하고 있었다. 끝없는 방황을 각오하지 않은 사람은 자유를 꿈꾸지도 말아야 하는지 모른다.

그러나 일찍이 《젊은 베르테르의 슬픔》을 통해 방황하는 청춘의 모습을 그렸던 괴테는 방랑하는 사람들을 위로하는 다음과 같은 시 구절을 남겼다.

모든 산봉우리에는 휴식이 있다.
기다려라, 그대도 쉬게 되리니…….

(2020. 5.)